心一堂術數古籍珍本叢刊

書名：批注地理合璧附玄空真訣（四）

系列：心一堂術數古籍珍本叢刊 堪輿類 第三輯

作者：【清】章仲山、溫明遠原輯撰 【民國】朱紫君輯校 【民國】霜湘

　　批注

主編、責任編輯：陳劍聰

心一堂術數古籍珍本叢刊編校小組：陳劍聰 素聞 鄒偉才 虛白盧主 丁鑫華

337

出版：心一堂有限公司

通訊地址：香港九龍旺角彌敦道六一〇號荷李活商業中心十八樓〇五一〇六室

深港讀者服務中心 · 中國深圳市羅湖區立新路六號羅湖商業大廈負一層〇〇八室

電話號碼：(852)9027-7110

網址：publish.sunyata.cc

電郵：sunyatabook@gmail.com

網店：http://book.sunyata.cc

淘寶店地址：https://sunyata.taobao.com

微店地址：https://weidian.com/s/1212826297

臉書：https://www.facebook.com/sunyatabook

讀者論壇：http://bbs.sunyata.cc/

版次：二零二一年三月初版

平裝：四冊不分售

定價：港幣 九百八十元正
　　　新台幣 三仟九百八十元正

國際書號：ISBN 978-988-8583-63-8

香港發行：香港聯合書刊物流有限公司

地址：香港新界荃灣德士古道二二〇～二四八號荃灣工業中心十六樓

電話號碼：(852)2150-2100

傳真號碼：(852)2407-3062

電郵：info@suplogistics.com.hk

網址：http://www.suplogistics.com.hk

台灣發行：秀威資訊科技股份有限公司

地址：台灣台北市內湖區瑞光路七十六巷六十五號一樓

電話號碼：+886-2-2796-3638

傳真號碼：+886-2-2796-1377

網絡書店：www.bodbooks.com.tw

台灣秀威書店讀者服務中心：

地址：台灣台北市中山區松江路二〇九號一樓

電話號碼：+886-2-2518-0207

傳真號碼：+886-2-2518-0778

網絡書店：http://www.govbooks.com.tw

中國大陸發行 零售：深圳心一堂文化傳播有限公司

深圳地址：深圳市羅湖區立新路六號羅湖商業大廈負一層〇〇八室

電話號碼：(86)0755-82224934

心一堂微店二維碼

心一堂淘寶店二維碼

七

蕉窗問答

蕉窗問答條註

平地元言摘錄

羅經用針說

一卦三山陰陽說

楊盤撥星說

撥盤撥星訣

撥星歌訣

附撥星辨？

地理辨正錄要合璧

直解續解悉遵原刊 露湘

己巳春朱壽朋題

地理合璧題詞

聖賢大道此為首端救濟良策修齊偉觀

兩間造化二氣旋盤潛心研究祕法畫完

此道通曉物阜民安邦家之光美哉斯刊

戊辰冬至紫雯撰句 朱壽朋書

地理合璧錄要卷之七

蕉窗問答序

凡地理書類皆生旺黃泉毫無源本否則大小元空
四經宗廟尤屬不經其有能得宗旨者則又舍糊隱
約引而不發無惑乎堪輿一道曰就荒謬也獨驪江
鄭氏蕉窗問答一卷其正文條註於山平之體用作
法可稱詳盡凡前人所隱秘者指實直陳不留餘義
讀之而暗室生光真地學中之金針也得是書而諸
書可廢矣爰刪其小註之繁蕉者錄而刻之

嘉慶壬戌日躔鶉首之次蘭林于楷序

地理合璧　卷一

地理合璧錄要卷七

蕉窗問答

驪江鄭　熊西載著　秀水于　楷端士輯

上海朱之翰紫君校

戊申春西來自鍾山抵華陽道荊溪而北次毘陵館

於東皋沈氏之漫園客有業岐黃者與余劇談南幹

山水之奇更爲閱舊扞衰盛歷歷不同之應頗可徵

信因進而請曰予二人者之專所業也小道耳俱藉

以濟世然醫活一人而已葬則數代之榮枯係焉陰

地理合璧　卷一

陽之秘元妙之理性懍遇恐不可驟曉願聞其略予

以略涉此道古籍未淹無以饜所聞且臆說顏多行

刺謬於時賢欲逐默息而客不可以已也乃抒所有

以直陳曰醫之與葬異道也之死而致生之義顏同

願卽因子之術以明之可乎今夫燦然而可觀者天

文隱然而難測者地理也是有脈焉六則攷有運

焉三元攷辨脈分運辨葬地之善經也而愚以為不

可不先知葬天是何也大地一人身也氣週於身達

乎脈經行有六陰數三陽數三　脈裏在太陰少陰沈　太陽陽明少陽而

浮而在表而地亦如之是故高山一墩阜一平岡一脈行一

線氣多沈爲陰平洋一平陽一平原一脈行一片氣

多浮爲陽醫辨經而投劑葬辨則而用法劑不可以

悞投法顧可以亂用乎哉高山也墩阜也勢隆起體

屬陰法取陰中之陽故穴必窩坦而後必坐高高則

秀而壽低則愚而夭平洋也平陽也勢窩坦體屬陽

法取陽中之陰故穴必隆起而後必坐低低則秀而

壽高則愚而夭坐高者砂亦高高而關風者丁旺漏

則丁衰高淺開上半有蟻深開下半無蟻者上漏風

則丁衰山阜之砂左缺絕長右缺絕幼又有砂低穴

地理合璧　卷

下關風也

坐低者砂亦低而通風者丁旺蔽則丁衰　平洋平陽貼穴反吉高旁高隔水無妨幼是四則者陰陽正以

相反而為用者也　平高抱穴反吉　間有丁者間有山阜有平洋石脈不關水漏風而救　遠高絕長右高絕幼是

而有丁者亦參活法　平岡起頂與山頂　平洋後高吉水相救　至若平岡則後多坐實　出脈與山

必坐寔則後　穴同則後　間有坐虛而發平原則後多坐虛間亦坐

寔而與法以脈之闊者屬陽而穴於舒放之處陰中以取

以取陰脈之狹者屬陰而穴於束小之處陽中

陽至如左右砂之遠近高低邊有邊無活看為宜　砂無

逆一邊必有前之水去故曰水上砂低薄即現出砂來纏水亦照穴下者砂與高大

阜之關
風稍異

則以此二則者介乎陰陽之交又以相兼而
爲用者也然尙有其變而用之者矣合而用之者矣
而六則神明之法又於是焉起故有高山墩阜結于
湖心江畔者則兼收水法之照神

之衰旺照神大之者力勝于龍墓之加興廢倍半水由論于三元有
較深山乏水之處結作精神更激

而帶龍正結每襟大江

平洋平陽落在墩岡山側者則兼消星峰之砂法有
山隈石盤而用平陽浮法者

石陰石中凹外有隆堅不可鑿當隨陽

穴深淺下之其

石平如鏡者之培土攢葬大的而有平原氣厚而用高山

沉法者土厚故界其平岡則多結水濱

深土故界也

于跌落平岡多結

魁山十丈作　平陽

處平陽亦間生山麓（目講師曰離山十丈作平陽）又或平陽扁墩
與平岡相類或平岡穴闊界淺舍水就局與平洋平
陽相類（成亦須培土中結盤藉以水成星住經氣所謂聚之陰使方）
不散或先天平陽無脊脈而有臺盤者與平岡平原
（也）
相類（平地生成高土無砂證龍無砂證穴成象亦生氣多歸邊角或靜）但無脈證
水平洋低田深路兩邊關界者與平原相類（池沼為靜田路）
低深三尺者（即作水推則）種種不一活法相參此正如病之陰陽
合併而劑之溫涼並用者也乃亦有按經投劑而病
不時痊辨則扞塋而初難召福者何哉氣未詳乎八

卦而運不準乎三元也原夫萬彙根柢統於河洛圖

圓經天配天干以十數積而造歷書方緯地佈地支、

於九宮週而紀運上元一統黑碧佐治中元四統五

六鼎峙下元七統八九迭制龍水互看短長遞次九

曜旋飛吉凶環致喉舌之司令星是恃此乃地學之

科律雖管郭無以易而株守雙山者不此之究第區

區爲就祿迎官之向爰定百年之局以倖長祥率乃

吉凶爽應兼之興廢推遷或朝生而嗣續猶艱或會

旺而盈寧鮮慶或一身而前後不齊或再世而凋榮

焦窗問答

迥別而人已訝其術之疎矣夫孰知閱閱衡茅固莫

不聽于三元之遞嬗而疊為隆替也耶試觀冰釋輕

舉俄委置于秋風狐白重溫旋卷藏于夏日用與時

違物尚有然矧此脈乘龍水必隨天運而旋轉靈光

氣感陰陽豈能背地運而倖邀福庇乎哉夫脈既分

乎六則運又辨乎三元若業岐黃經絡明時令協燮

理陰陽保合太和其亦庶乎其可矣然而分量輕重

之不中於度炮製生熟之不適其宜活人者未必不

有時不瘥也自是而相地之法且更有進穴分上下

左右葬分淺深浮沉^{界深宜沉}向分偏正饒減^{憑唇界}就

緩急吞吐砂分增削高低以及羅圍之大小厚薄臺盤之

凹凸方圓塚墩之木金火土或出水或關風或迎生

或化煞隨地而異用究精而殫微是亦炮製之合宜

而分量之不爽也夫金以冶而艮玉以琢而寶錦

以製而衣雖有珍錯烹飪不和不能以得味雖有艮

材樸琢不工不可以成器百物之生於天也苟可利

用皆須人事以成之況夫名山巨區結而為球融而

為暈乃大造陰陽摩盪於萬億千年留之以有待者

地理合璧　卷一

特其氣盛而勢躍形龐不可以繩尺拘奈何乏區處
之用缺條理之宜廢先賢之矩矱而道其所道哉是
以砂水縈盤恆藉曾楊之手眼參著具備咸推盧扁
之刀圭至道融通是萬是一此其最深切而著明者
第醫調弱質以扶元為本而葬返游魂以乘生為急
鳳翥鸞翔此形象之生氣也〔栖右閃陽變起起伏伏左斷斷續續陰化乃形〕
家入手之務得令當元此運會之生氣也〔統論當運六十紐年分大〕
運二十年小而尤必以葬天之大生氣為堪輿第一義
今夫庶物露生大都甲拆於土膚〔種太深者其苗出葬太深者其嗣不〕

五

絕必土膚之上空而陽者爲天其下實而陰者皆地萬

物逢陰則殺逢陽以生乘生氣者乘陽氣也乘陽氣

者乘天也氣天也形地也龍與穴之高也形隨氣起

地上交天而天下包地也堂與界之低氣隨形陷天

下交地而地上包天也葬也者藏也藏于天地交之

中也欲識地中所含之天宜見天中所含之地內以

含天其象坎也外以含地象則離也是故高山之地

脈由巔降上穹而下坦葬多沉然必界空砂衞環以

天陽昭曠乃來若蠻頑一片則陰煞結矣墩阜之地

堪輿合璧　卷　六

氣自地升下伏而上行其立穴也沉以七浮以三扞

必邊唇肥厚高出衆畦〔沸如漚墩之脈類者是，釜中炊飯阜火之下盛者是〕上用虛

其三面之天否則兩界不明而生氣莫卽平岡之地

橫行扁闊〔岡田也，田龍起脊脉乘一線之者皆平矣，人多以平陽一槩之惧矣〕浮沉宜半半宜

〔培浮土以捍禦氣，客水成星〕雖大江南北山左山右地有廣狹厚

薄之不同然必兩畔低空界神清澈〔界地小界大河次之爲上，小河次之尚須活看，此前有小堂凹〕

陷餘氣層低穴以三面之天不得沒界穿堂致浸客〔田原有乾流砂田原外界河流者，亦有內界田原外界河流者尚須活看〕

水若泥于界淺有全浮深而反大發爲吉者地之色殃矣拘也此三陰

地理合璧　卷一　焦窗問答

之地之上葬乎天者也（穴星小巧且居心扁大純陽之角空，絃上尋木節金邊扦土角空。）

靈扦點平洋之地脈以局收局以水定（自清眞。艮親離作之坤作坎類貼，丁亦絕陽深水葬。）

圓界環龍曲水引氣。（須扶起，大都三丈而近，二丈而遙，故曰龍胎雖固稱。作陰盤。）

人心遠水安坟死氣侵沾著水痕扦貼肉陰陽交度

自生春要之穴雖臨下而坐必居高泪泖之場奚堪

瘞玉便立穴近河而親旺氣方妙若親煞氣照見水光日

公位若然失其踪逆平陽之地中無落脈與平岡巽外鮮（龍男女。）

環流與平洋又巽其地衍以敷氣四達而不守道在

培土成星必須有局方置棺其上使游走之氣遇星
而結平中一突籠聚天陽薰蒸磅礴由表而達是其
培也高不過二三尺闊不過四五丈稍或踰數名浮
寔沉地多天少行將冷退而丁稀至若平原之地形
厚氣豐北郡爲多立穴恆在高坪其通天之法後坐
低空前親堂局旁倚乾流道雖畧近平陽而一尺以
高其象山一尺以低其象水 蔣公曰江北中條平地乾
流隱隱看眞水葬 龍无山切莫強尋踪
法寔與江河同 實係先天所定非若平陽一則就
局親砂或藉人工挑築而成也 北地之隱隱隆隆起
培土成星可培星下穴方 一線之脊脈者皆屬

地理合璧　卷六　蕉窗問答

平岡其坦平一片之氣有乾流格界者則平此三陽
原也而葬法則與平洋平陽同而沉浮各異
之地之上葬乎天者也原夫人之始生十月而形乃
全及其終也亦十月而生焉乃盡葬也者藏也藏於
天地交之中也引陽之義也是故天子七月而葬諸
侯五大夫三士庶踰月大約月不過十以乘生也父
天也母地也誕乎母還乎地假地靈以攝天陽蓋欲
乘生焉之未盡反其天而復入於枯骨也故曰引陽
之義也照之以日月臨之以星辰和之以風雨為之
聚其秀靈而通其天地此孝子之意也若夫沉陰偏

地理合璧　卷十

閉內則深陷水坑深密篠叢林和外則陽掩蔽寒日淡於外寂寞夜臺

泉侵蟻蝕體魄如斯氣感何來是以六則之穴寧就

於陽。浮出界水之上無失之陰沉入界水之下。之三陰之地

蔭陽和繁醜類者受陰慘深雖得龍得穴亦鮮發富貴賢良邵

桂者皆穿過界水所致或龍有力必然頓如損壞蓋育仁賢者開見龜魚等物生氣

子曰幽暗巖崖生鬼魅清平原野見鸞鳳此固天地

自然之理不可不知也凡陽宅尤喜明亮屋有可以深暗黑者每多鬼祟陰宅可以幽以深

推客喜而笑曰允矣至道乃今得以聞所未聞也抑

吾聞之尋龍十里易點穴一時難頃所開示者詳矣

而扦穴之傳，未經指授，願子之更有以示僕而盡洩之也。予曰：然。不究乎穴無為貴葬矣。大抵來龍千里，要歸八尺〔氣勝棺則久葬之，棺勝氣則傷。脈狹棺多，久葬之氣旺來四凶，只為拱定虛有如地〕。以八尺者，沖陽和陰，至精至粹之生氣也〔氣急粗硬突中，氣暴處陰重無陽，定虛有如地。閃粗突處，顯露粗強。旁行故曰落日二吉，花又曰二吉，多因生巧出四凶〕。上交天多成乳突而為陰，純陰不化，不可以穴，或生凹靨，或生口唇，而陰中之少陽見矣〔眠體立體者自狹而峻，而平坐者自覆〕。天下交地多作窩鉗而屬陽，純陽不變，不可以穴，或生毡塊，或生稜弦，而陽中之少陰

見矣自仰而覆皆陽化陰也自平而峻自陰多者必下而親陽頭到

局粗硬生穴難尋離却來龍問作氣唇就陽多者必上而就

陰或就氣平坦乘脉點或騎龍脊狹蓋中杖尋親是故星辰成

象而穴以呈天地互根而穴乃就則以陰陽之氣固

以老而尬以少而生也陰突陽不相含飽窩不合飢嫩老

尺之生氣上下左右必尋確証分清十字交關方可

放手下穴譬彼方凡指中爲中未爲中也繩其四角

腰折以取中而中之十字顯矣拿定十字証據穴纏

候方不其爲左右分中也者定盤鍼看前唇後枕交枕椅如

粗乘生穴埋薄處兩砂圓抱水含襟

到頭平坦乘脉點或騎龍脊狹蓋中杖尋親

象而穴以呈天地互根而穴乃就則以陰陽之氣固

以老而尬以少而生也陰突陽不相含飽窩不合飢嫩老

尺之生氣上下左右必尋確証分清十字交關方可

放手下穴譬彼方凡指中爲中未爲中也繩其四角

腰折以取中而中之十字顯矣點出並非虛擬亂猜纏

候方人其爲左右分中也者定盤鍼看前唇後枕交枕椅如

地理合璧　卷七　蕉窗問答　十

唇如籃裙

前堂後樂邊眞穴橫穴明堂定穴是穴圓不圓穴側不圓穴頂俱穴要恐在山旁前

官後鬼有貴龍對前者必須有兼官審橫乎龍穴後暈必有屑鬼堂官案與鬼也間前

案後屏或案在後多貼身出者必欲屏其有灣土環斯又貴封故拜曰大尊地星或前

前朝後照之大借地必朝偏結向尊貴也又朝大山地開必有遠向坐山峯地照地

穴單坐其頂雙然坐其種種不一得一明証則下十字凹平岡墩皐皆

子或灣曲者其如角兩尺兩旁拿砂相對穴處必穴乙在中間如癸山丁玄向微兼

或微曈下曈亦有生于砂背之發現中處罕穴或正對則或有微力上

灣處別高故低隨日界闊相宜砂再看兩肘曈曈之尖圓者短

天然不爽故曰左右相依

之一豎上下分中者先看兩砂曲池之灣抱如或微月圓新月微兼

地理合璧　卷

與官鬼並重又曜要四山仍來則結聚于始眞外更看夾穴之巒頭方大生地

夾圓邊大頭是小邊遠太乙太乙邊有無邊齊者均須要活看及

指穴之襯砂

○龍虎又內小窩深如指頭不見外穴峯者名曰指一穴

下小石指定穴石上種種不一得一明証乃下十字之一畫

其有未經墾破之眞穴則但取證於太極暈星破凡成墾

田者無從看靜觀諦視中必微微隆起旁有微微低

暈必要證砂

界蟹眼上分金魚下合金魚明暗分生死弓脚偏長得水情唇前小堂

微叉窩聚雞乳窠突螺厴樣微茫下隱約不似深明此斯爲得之

反是而求則爲陽暈乃畧略低似圓圈此又即窩即

地理合璧　卷七　蕉窗問答　十一

暈〻窠太深者陰中求陽之法也察暈之呼吸動盪識生死之活潑恬肥高

又當別論

不破毬而傷龍低不離簷而脫

而侵界暈星旣定四圍諸證自然氣應合不出暈差至於平

陽平洋旣無生成之暈星又無生成之穴證八尺之

乘其法安在凡屬平陽則論局外取翼衞有情堂案

朝拱內則培土成星取氣化之活動者爲生或飛邊

或挂角或開口或出唇或凹腦或環帶或高低折浪

或三曜相生圖俱見後法固不一備載於幕講禪師千里

眼一書其在平洋則取小枝之息道收大幹之通流

轉入不分名息道

漏道多轉總成空定卦乘龍水以爲程浜底水聚扦

龍頭穴。經曰穿珠垂乳浜腰水灣。扦龍腹穴。浜口水

源頭即時富貴

動扦龍尾穴。經曰巧交牙裹局小關大則不

兩朝於上下或

齊蔣公曰出不是之八神之齊照穴出不元是之八神

橫纏於左右或五吉八神之齊照外必水朝沙護而

內必水環砂抱而生烝乃固。

莫相依

生氣以凝案外流暗隨循水環案此無穴力自此非穴中名下為地破城旺水裏之朝直水

撞橫沖猶小猶人君之子好而我怒者我也凶星禍自蔭化難水期固煞重水之灣砂亦環

屈曲

非岡行如龍有高低活動之歪旁斜砂抱不振等馴伏形整水齊吉反亦難下故凡手

平洋法固不一大鴻蔣公所輯水龍經五卷可考而

一例

知有圖載後此平陽平洋八尺乘生之大較也雖平屬原三陽穴

但看法作法必兼平岡間嘗策蹇浮舟流覽岡巒於

一則故與此二則差別

經亘之交水雲參錯之會恣情綿想心目相諮大都

帳蓋多偏側而龍身必中正砂頭每伸出而穴星盡

隱藏故凡到頭八尺無論高平其垣局星辰皆喜清

和圓淨柔嫩而靈秀 砂如美女言臨穴也未是以天
　　　　　　　　至穴場必然直硬老相

下貴星不履魁罡之域人間吉穴寧樓煞曜之鄉此

如天子至尊深宮永巷悉屬承顏婦寺而萬騎千乘

遠列九門又若元戎柄武中軍幕府偏多翰墨文人

而負戟橫戈外羅八陣蓋行龍護從水口關欄方貴

武猛威雄不厭巉巖峻石也吾更以遠徵諸物者近

取諸身心窩天穴也臍輪人穴也男女之人道地穴

之乳突窩鉗也天穴多結立體凡人拱手直立則兩

肩曲凹必上抱其心窩人穴多結坐體凡分手危坐

則兩臂曲凹必中抱其臍輪地穴多結眠體凡垂手

仰臥則兩掌曲凹必下抱其人道手皆硬直此與兩不當穴處

砂曲池之灣抱何異又兩肩圓彎與夾穴彎頭相似

兩臂肘夾與衛穴嶒曜相似兩大拇指短縮與指穴

襯砂相似之數形者卽傍砂拿穴上下分中之明驗

地理合璧　卷七　蕉窗問答

也至如左右夰中則上以隨乎額鼻之準下以當乎
膌馬之交天地人穴犁然一線爲矣此所謂人身之
三穴者也而大地之八尺尚復何疑哉明乎八尺之
義諧乎六則之分協乎三元之運法密而道宏於以
乘生於以引陽魂返其宅魄滋其膏陰陽之撰合而
天地之泰交沒者以寧存者以順葬天之義蔑以加
矣吾與子巽事同心異用同功竊嘗謂良醫療疾無
伐天和先哲名扪不親地煞養生送死其道一而已
矣願子之有以察之也客曰諒矣哉子之說也是足

發大地之藏而洩古賢之秘矣在昔紫陽作賦命曰

雪心青田著書號稱露胆夫豈浪洩天機實欲剖呈

地理慨自仙踪既邈新書錯出執此嗤彼爭鳴互軋

絲分爪衍宗旨茫茫夫其禍世也何極自子六則三

元之說出葬天之義明邪說熄而正道光曠野幽城

盡免寒泉之浸塚中枯骨具同黍谷之春從茲奧府

靈區孕奇毓異味墨香於官澗瑞種紫陽瞻笏立于

天平挺生文正震聾開瞶所至蒙休豈直一家休戚

而已哉願錄斯言普瞻同志予時義不得辭逐次其

說於漫園之蕉雨軒顏之曰蕉窗問答　驤江鄭熊西

載氏譔

卷中細註太繁刪其正文自明無關緊要者

地理合璧

卷七

十四

地理合璧 卷七 條註

蕉窗問答條註

此明師有者獨有扞指于點臆于見賢
此註于者有指點于賢者友有口授
有摘錦于于吉凶今書舊墓籍者十有六程年式之于閱歷而探索者
十有九則皆者以石發明正文裏金耳凡四

一片與一線之分若何曰高山如骨墩阜如節平岡

如筋故為一線平原如肉平陽如皮平洋如血故為

一片 山平總

圖圓經天者何一六壬癸水二七丙丁火三八甲乙

木四九庚辛金五十戊己土數配十干以協五行天

行也渾圓為經十二地緯紀之于年月日時六甲環

十五

地理合璧　卷一

生以週萬古作歷之本於河圖者也圖具羅盤之六

十龍終則又始以象天行之不息　山平總

書方緯地者何地球懸處中天體本圓而面則方人

於地面用事故洛書數生後天有四正四隅而其象

亦方一白配壬子癸星屬貪狼二黑未坤申星巨門

三碧甲卯乙星祿存四綠辰巽巳星文曲五黃中宮

星廉貞六白戌乾亥星武曲七赤庚酉辛星破軍八

白丑艮寅星左輔九紫丙午丁星右弼橫布為九宮

縱衍為三元流行旋轉而不易之理行為緯地之大

較也談理氣而不根河洛斷難靈應故學地者先須通易○

山平總

何謂龍水互看訣云天元龍法定如何仲女南回望○

北夫更有八郎朝二母東隣嶺日看西湖上只今與○元正

汝人元法四六交朝生意確若然二八兩頭關五郎○元

從此投胎着中地元何處覓佳音一望元空攝紫神○元下更有流神正

老母開箱私少子大兄啟鍵出西金○元下更有流神正

脈歌爻差珠黍卦邪魔脉定清純九曜司喉舌○乘陸地運

橫行奈爾何三元九曜之秘乃理氣眞傳仙師授受○

並有戒律今祗載歌訣精微妙用尚待口傳學者當

因此而誠求正派若徒執是歌私心懸擬其于元運

長短與兼元作用諸法終無的寔把柄自誤禍人所

關不小　山平總

何謂短長遞次曰龍水二項有止發一元者有兼旺

兩元者有三元俱不敗者地固天生神而明之亦存

乎葬者之運星兼卦也　山平總

何謂九曜旋飛九曜者天之斗罡四時轉運司元布

化者也分布二十四山以收去來二口之水納甲爻

地理合璧 卷七 條註 十六

中上應天象此仙家之大五行也訣云子癸並甲申

貪狼一路行壬卯乙未坤五位為巨門乾亥辰巽巳

連戌武曲名酉辛丑艮丙天星說破軍寅午庚丁上

右弼四星臨本山星作主番向逐爻行廉貞歸五位

諸星順逆輪凶吉隨時轉貪輔不同論更有先賢訣

空位忌流神番向飛臨丙水口不宜丁運替星不吉

禍起至滅門運來星更合百福又千禎衰旺多憑水

權衡也在星水兼星共斷妙用許通靈。艮寅甲兮

巽巳丙坤申庚兮乾亥壬十二排來俱順行丑癸子

兮戌辛酉未丁午兮辰乙夘十二陰位俱逆走如壬

山巨到丙祿向未順數如子山貪到午巨向巽逆飛

餘倣此 山平總

何謂喉舌之司令星是恃令星者每元當令之三星

也如壬山起例巨丙祿未文庚廉中武戌破壬輔丑

弼甲貪辰庚山弼甲貪辰巨丙祿未文庚廉中武

破壬輔丑俱順數子山貪午巨巽祿夘文艮廉中武

子破乾輔酉弼坤山破夘輔艮弼子貪乾巨酉祿

坤文午廉中武巽俱逆數 平洋翻向上算 以上挨星已從餘山順逆

仿此以當令之星飛臨水口吉水速發凶水減凶見可

祿文廉破並非長凶惟貪又貪狼九曜之首其吉大
最吉不隨年運而互異 蘭林 山平

而且久遠勝諸星輔弼亦妙故曰貪輔不同論 總

向首之生旺墓有準乎曰個個生來會旺家家旺去

迎生合者千百發者二三此何以故蓋氣乘吉運雖

向墓絕而亦興數值衰辰縱迎生旺而亦廢一線之

山向虛而無據三元之靈應竟而可憑考古証今較

然明白此僞說創于萬歷初年嘉隆以上無是也 平洋

穴星與元運執重乎日六則之龍穴砂水猶八字之

條註

圓必一面方方必一面圓起三層高低折浪金

之陰且以瀉客水而駐吉氣也純方純圓則無化氣

者百之一二若平岡以下須培土結盤不惟取陽中

換到頭多不成星體結穴者少蓋山阜星辰假人力

培補穴星其法如何曰來龍無過峽少跌斷胎骨不

而言命尅應體用之不可偏廢類如此 山平總

言元運推衍無根審三龍穴者不並譜三元則又舍運

滿年禍福無時而定是故推三元者不兼精龍穴崇

年月日時分格局別純雜固矣但不兼推運限參合

帶水情或下方上圓金土相生皆妙 山平總

羅圍如何曰宜大而小犯四宜小而大不稱宜厚而

薄不藏風宜薄而厚多客水平地之穴羅圍不宜太

高厚恐陰盛也故凡三陽之地湏浮棺半入羅圍墩

塚相連乃妙 山平總

出水者何曰羅圍口寬闊中滿半傾前有小堂低陷

則客水出若口緊中凹而高厚者穴必濕地吉亦凶

平地尤為切要又高山本體闊厚壙虛氣通精液薰

蒸不免有泉湏內寔砂岌暗滲水于外潢池方可 平山

總

關風者何。古有開孤法壓飽面爲窩體培厚土於兩
旁以蔽凹風蓋龍畏凹風猶人畏隙。風也。發脈處過
峽處凹風一掃病中膏肓矣曠野行龍乃得無忌又
過峽渾身帶石亦不畏風吹水激然終以遮風爲妙

山法

此設贅山龍中抽發脈兩旁自有擁護若流神餘
氣到頭終有關欄若直長孤露本無可穴培土亦
無益至若平洋穴法兩旁漸低最妙特不可一處

偏陷耳

堂案朝拱者何曰穴前窩聚低似掌心為內堂大龍

虎內不尖不直方若碁枰圓若銅鑼為中堂案前宏

廠寬容萬馬為外堂六則之穴三堂全為上格若平

陽則全取明堂御街倉板兜抱入懷不宜傾瀉叉坐

穴高方領起堂案案高壓穴不吉故曰龍虎緊關高

點穴若還寬闊穴湏低大抵山喜寬舒平貴緊狹又

穴前堂貴清潔至若堂案外者為朝大地先起賓山

一峯特起聳出羣峰特清特秀朝近穴高朝遠穴低

高則齊眉低則應心一峰當面直中取的雙巒聯秀

凹裡平匀太遠則疎不如近朝之真的又凡賓山頭

清而脚濁案以遮之水聚堂以隔之吉

故曰一案能眠弓橫截住案能

遮脚濁露頭清不然水注天

心聚能使朝山病亦輕山法

迎生者何墩不宜太高大盤不宜太闊厚陰重也遍

閱名墓平地結盤闊不過二十步或五六十步者頓

十弓五尺長裁尺九一折算

棺其上又結小盤以立穴方得生氣其三陽一片之

穴或在上元立坎坤震向者墓門基宜高二尺餘以

收旺氣若迎水立穴用離艮兌向者門基低尺許不

關煞風為妙卽浮唇開風者迎生避煞亦然又初年

喘取穴前內明堂為生烝兜抱窩聚合元扞向者立

旺財丁此救貧第一法若穴高水低初年不利多作

斃金以救之 山平總

化煞者何如三土連行到頭結穴而餘氣成木星者

此木疏厚土煞反為用者也若土弱木強湏於土上

結金盤以制木堆火塚以生土餘做此故曰吉星減

力於尅洩之方貴曜加工於比生之地殺少而救多

者反吉洩多而補少者無功 山法

葬天之說何自自洛書書屬後天陰也而君之以陽

故位陽於正而隅以退陰尊陽也書中體而外用外

各奇偶相間何也四正則地包天象堂界之低空四

隅則天包地象龍砂之隆起天依乎形陰中有陽也

地附乎氣陽中有陰也陰陽合德天地泰交象生生

之氣流衍於城垣脈穴之中然地數四而紺天數五

而盈中純陽宰制八方其爲體也以天攝地而統地

於天象卜葬者乘地中一脈之天以蔭骨而還陽尊

先天之陽化後天之陰書主地而以天示者至矣葬

天之說自此　山平總　○無甚關係

高山之穴何如曰山可望峰而覓地凡見群峯環繞

佈作城垣中有主峯特異放下群支支面皆

朝右右畔支支面皆朝左其中必有大地須尋正出

者爲的又或似正而寔旁似旁而寔正只要出脈處

成個星辰頭面爲眞認定眞脈繞去定穴又山頂另

起圓墩曰六府星乃貴氣所發現無論支幹其下必

有眞龍龍峽來小去大則結穴必遠龍峽來大去小

則結穴必近龍峽來高去低則結穴必低龍峽來低

去高則結穴必高龍直勢急則穴必緩龍曲勢緩則
穴必急脈既上住雖去必蠢脚下盡皆放濁脈既閃
去雖落亦粗劈煞多在邊旁穴高因衆山之拱逼穴
閃為中乳之粗頑立而仰者穴巔視群峯之拱衛坐
而俯者穴腰貴體勢之軟平臥而伏者穴麓喜界神
之圓活故曰陡峻未平休急點坦寬無脊亦難扦上
觀巒勢歸何處下審堂砂向那邊此皆言高山之穴
也。

山法

騎龍斬關者何穴雖結而龍未住去還結地謂之斬
也。

關穴上結而下放濁去或作朝謂之騎龍斬關之穴

借迎送之環抱視明堂之平坦必於細小平軟處斬

之騎龍亦然若惧下粗闊急硬之所皆主丁絕其穴

形或作鶴嘴蜘蛛肚或作龜肩牛背與駝峯土未破

者取暈土已破者証砂　山法

騎龍無水奈何曰成星體處自然水交砂會設立門

戶故曰非局弗言龍無水休作穴惟騎龍之格不論

水而專重砂高秀而得天澤之多諸砂輔之恆出神

仙大貴上受天清故也　山法

水之順逆何如　大地案多順水君子以不貪爲寶方

能爲天下用財也故曰案砂逆水亦爲艮但恐隨流

不上堂速發福時終易退不如順案水流長又曰幹

龍之地近江河逆水難逢順水多波撼不堪朝水作

穴扞高遠得相和更有穴前來水短案外去水長主

富夭而貧壽去短來長反是　山法不息○但去水必通涇雖而

耳長

何謂陰結之煞曰凡葬高山而穴中有水者多在粗

胖板闊之處陰重無陽地多天少故也故曰巒頑下

覓灰中線硬直旁尋草裡蛇脚闊細腰腰內點身粗

巧手手中拿 山法

三面皆天者何有龍有砂則有界穴必親明遠暗為

生故曰界神明處氣方清莫作模糊面上尋點穴就

明休就暗暗邊扦葬必侵陰 山法

高山平地葬棺深淺之說若何曰山有眞穴必有眞

土堅密光潤色澤異常開穴至此便止下有嫩石名

為爐底銀白金黃不可穿過平地脈淺氣浮土色較

輕以所埋棺底浮出界堂之上為主界水者界其水

地理合璧　卷十

煞氣法宜用斬湏于下脈之所與近穴之處開坑火
篤久經風露以洩之　可用法合葬方　如穴體雄直則多
成星體而穴形剛飽必多暴氣法宜用洩當預開水
也圓如轉環者　曲折立次也　三陰之地皆然如山頭已
見界神清　之脈線　故曰界神清　兩旁必有分水曲如角尺者脈之上
有脊或隱隱而露形故曰氣現自然唇口現脈清先
脈清氣現者何脈清則成龍氣住則結穴或隆隆而
界穿堂客水侵矣　山平總
也　水侵○云、界水者界其氣沒土穿
界水則止界其氣沒也界其氣勾非正論　沒

二十四

煆各埋大甕以融其煞　方必須合局合運　暴去煞融其
方可用法葬

葬乃吉　山法

圓界環龍曲流引氣者何曰水一面者為平氣三面
者為環氣平不如環內環蓄氣外須有曲水冲照與
短闊聚洋之水迎引正神兼收旁卦方能速發而悠
久又一水特朝坐太低者撲面太高者難收水大而
直長者遠收則化短而氣和近收則冲小而短闊者
近收則光接而氣住遠收則脫　平洋
籠聚天陽者何曰太虛之中無非陽氣散則寒聚則

批注地理合璧附玄空真訣（虛白廬藏民國活字印本）四

八四五

二十五

條註

熱天地一大蒸籠也培土成星者所以藏棺而蔭骨

譬如糯粉就蒸收聚籠中熱氣而裏餡內包隨粉熟

也太低則濕直冷灶耳暖氣何來　平洋

避客水若何日穴之星盤緊小三面低空則客水不

停而三光四照土乾暖矣其葬深圍厚者塚蓄寒泉

固爲凶壞若更樹攢竹密三光不照雨露長淫濕熱

薰蒸蛇蟻滋種地吉者間出殘疾夭亡凶則多生宵

小試之舊扦十驗八九譬之生人造屋下必培土築

基低浚明堂深疏水溝以流客水上則隆脊而殺簷

地理合璧　卷七　條註

內更舖板而置榻凡以為淋潦遠下濕也故埋棺浮

出界堂築基而置榻也羅圍口闊臺盤中滿半傾隆

脊而殺簷也不此之知奉先人遺體長臥寒泉是何

智于宅而愚于墓也平洋

窩穴葬天若何曰山穴高則多燥氣未融也故喜窩

忌突平穴低則多濕氣嫌冷也故喜突忌窩凡山地

窩穴多扦臨弦收一面之天窩大而弦遠者或用浮

扦架葬之法若平洋低穴猥藏即使合局氣不融聚

又有邊清邊濁之穴賢貴所生必在空靈公位一邊

扁金星象

開口土星之象

端圓立木星象

地理合璧　卷七

上得天陽之清氣也 平洋

穴不起頂非眞穴其說何如 日龍神起祖頂不露石

星體尊雄其下方出好穴 又必先起少祖然後結頂

成星故五星不明雖高不貴 穴無少祖貴亦不尊 法山

星辰成象者何星分五體形辨高低扁金圓闊輪邊

穴突起粗頑覓下坡半月蛾眉扦兩角純陰滿月用

尋窩土星開口裁邊穴若是無鉗掛角宜佈野橫天

中出脈功名封拜未為奇端圓立木起冲天賢相動

名億萬年倒地微肥橫玉尺名魁閣苑美登仙重巒

二十六

重○○山天○○浪
○○水星象
丈筆尖秀為○○
之象
不成星體
慶江意此條

叠浪參雲水地走金蛇脈亦奇○泡影恬肥堪鹼秀多
謀足智俊才稀火星作祖貴高權兼羡城門鎮水源
文筆扁眼官曜顯遠朝尖秀喜侵天無帳孤單豈正
龍不成星體不成峯只因懶坦全無斷硬直歪斜到
處空　山法
穴暈如何日眞穴必起頂成星從主星以求穴情從
穴情以求穴暈一點靈光或前或後或高或低或偏
或正怪怪奇奇總不離暈暈之爲象如爐內之銀鎔
如水面之酥浮湏除盡草木上審微脈脊落下察受

地理合璧　卷七　條註

氣恬肥旁晚界神圓活正側看橫豎高低看或初看

有久看無再看仍有凝神乃得慎勿粗心　山法

翼衛有情者何日平陽旁砂低薄約在六七丈外高

厚者十五六丈外皆吉遠近高低細參爲妙若近而

壓穴關風左害長右害幼即後托高者亦遠宜百步

貼穴後高必絕　山平總

水龍支幹如何日大幹流通雖有灣抱其氣曠渺難

以下穴必有支水止息不漏來口則生旺乘運到頭

則清純入穴源流並美繞抱成胎而幹水萬派千流

二十七

一攬全收矣大幹周環則取外氣之形局宏敞小支
止息則收內氣之孕育靈秀大幹如行龍之山彎彎展
布成垣勢曠而無穴小支如脫嫩之陵麓團聚止息
氣凝而多結也亦有小幹曲轉環抱之處下龍腹穴
而大發者但須久而後應無枝故也若內有支水結
穴而外無幹水城垣纏護者效雖速而氣則易衰均
不若支幹相扶可收旦夕之功亦可期代興之澤也
又大湖大蕩號曰痴龍必藉嫩支藏秀方能大發間
有四畔通流內無支蓄借外砂之包護而立穴者亦

即支幹之法而變用之者也明支幹之交乘則水龍

體格定矣尤當識五星之正變而入穴之作用始全

眼倒星辰竪起看水龍入穴星體與山阜之生尅制

化一一相仝星不成者難發形不吉者多矢反射斜

穿無丁無祿灣環織結卜世卜年水龍經第二卷尤

爲後學津梁所當熟玩 平洋

水形之凶可變吉乎日三陽之地穴結水邊無餘氣

前有大河不納補以人工亦仝天造又破是衆水破

羅城斜是斜水穿堂過割是穴前叩脚流箭是狹長

來照穴射是一尖向穴中冲是洋潮勢大雄而亦有

反凶為吉者訣曰穴高不論射水關豈為箭脈大何

嫌割戶緊任斜牽回曲無穿意仰蕩穴登天砂隔非

為破水衆亦何嫌眞龍相住處反吉任君扑水無方

與位屈曲最為先然形象之吉凶固為首務而三元

之運氣尤當參驗登壙細看定其首尾占方位之動

靜吉凶詳其支幹辨骨髓之清純錯雜必運旺而氣

生骨眞而脈的乃分水之闊狹短長以定穴之高低

遠近丈尺不差浮沉不爽卦爻不雜星辰不舛水龍

凡脫元煞水冲照必凶惟三陰一線之地龍雄氣厚
者初葬則煞水見殊葬久則龍重水輕水神無力然
不若龍水兩旺之地其發福尤速而純全也又三陽
一片之地旺水勢大吉方多照旁卽帶煞亦不甚凶
以旺能降煞故也覆驗舊坟一一參看自見平洋
龍之行運如何日後龍一節高一節則一代勝一代
一節之後不成星二代之中貴亦輕大約力小管二
十年大則六十年逆推而上來龍脫嫩之處逢老幹

而止又當兼看砂水別其單重參驗元運辨其短長

以會合而詳察之　山法

分公位若何曰左砂屬長右砂屬幼中堂屬仲堂內

水直流主離鄉左右各以位斷若外砂圍繞水口峯

高反主大發他鄉然總以龍真穴的為主理湏活看

地真則各房俱發地囟則各房俱敗砂水亦不靈也

又或世家巨族名扦非一或陽宅當元亦難以公位

拘也　山平總

帳盖偏側龍身中正者何帳盖者砂龍所無正龍所

有支龍則小幹龍則大有帳方為有巢帳多出貴亦
多以其直來狂猛之氣得此而橫展舒徐煞劈盡而
氣融和也帳貴成星或屏開土宿或雲水叠浪或木
星展翅或火曜冲天或太陽三叠帳中侍衞亦喜成
星上格有千絲之縷垂下粗綴冕旒細掛珠簾最要
左右灣環高低勻稱有恭敬禮讓之態無頭偏脚篡
之形若巉嚴逼削龍縱淸奇福力亦輕其無帳者則
孤露而多陰不結亦不大但帳之與龍局小則別
奴主局大則分支幹帳如手之側落龍如身之正出

身不顧手手必護身故曰側身環抱皆奴體覆仰眞

龍正出關个字兩邊湏惜步多爲夾從護他山又曰

關城左右雙開帳認帳纏知中出強君豈肯爲臣護

從支長常作幹關攔此奴主支幹之說也其來龍各

有結作但局分大小比山河衆建之形地別尊卑擬

官僚分治之象有遠大之砂必有遠大之龍以鎮之

有遠大之龍必有遠大之水以隨之其起祖則聳入

雲霄其開帳則橫亘百里其到頭則一主特尊自能

收盡群砂如三軍之周環幕府納盡諸流如萬派之

朝宗大海，若此眞幹結也。若四面用神不皆降伏，則

小龍之傍城借局也。比之幹結天淵矣，又幹行不起

峰起峰龍欲住，支來不勢大，勢大化爲幹龍平硬。

無委蛇其行折作大之玄無尖頂不起伏，雖兩砂齊

到納盡諸流，而砂不逆收水，不逆朝多成順局與支

龍結作，祇收一邊隨龍水者不同。幹久遇祖力方盡，

枝發則逢幹方休，起頂成星而正過者爲幹硬腰側

落而角過者爲支幹龍山頂常有雲氣能與一方雨

澤支山則不能興雲而致雨也。山法

砂頭伸出穴星隱藏者何洋宜織結。山須關鎖其用

俱在于砂有行龍之砂帳蓋之展作關域者也有結

穴之砂龍虎之圈作圓堂者也有護穴之砂蟬翼之

微莊格界者也故曰佈局憑砂勢曲長曲長食水緊

關攔眞龍本是閨中女豈肯拋羞露面顏又曰砂體

斜尖分面背背突生岩曲轉身弩滿弓圓雙手揖此

間龍穴自然停東看抱西西看抱東砂形也偏者登

穴見圓濁者見秀砂情也上砂蓋送多則地局宏下

砂兜收密則地力久穴高愛衆岫包藏穴低喜陰砂

回護下宜高上宜低忌上雄而下弱肥以富清以貴

邪以淫正以賢各從類應大約砂一重而龍秀者發

科二重發甲三重八座何則寒士僕從少而貴人之

儀衞多也故脈清格好而主穴孤單者主能文不顯

或僧道爲官若穴高露而護砂低主貴乏嗣而賤多

子故尋龍定穴斷在觀砂然衆峰排列當求本主尊

嚴必龍眞穴的方爲我用所謂雄師百萬聽命元戎

也又砂頭帳角亦有小結作但奴龍多胖大有收束

不緊關鎖不密形局不正之病山法

龍神者何取陰陽變化而名高峻者忽而平伏束狹
者忽而放闊覆突者忽仰窩皆陰化陽也平伏者忽
而高峻放闊者忽而狹束仰窩者忽覆突皆陽變陰
也此正如眞龍之能大能小能升能降能飛能潛者
也故曰形如疊浪順風吹又似烏鴉暮尋宿上句狀
其起伏斷續下句狀其盤旋迴轉也金木火星屬陽
水土二星屬陰行度陰陽相間方變化而成龍又眞
龍行止必舞爪張牙風雨護從地成龍處行則帳蓋
重重止則砂頭密密亦正相似其不起不伏無護無

從者皆帳與砂也故曰星辰側出人休愧邊有邊無

皆纏護面向他人作用神背朝外突金剛肚若一片

痴頑則無變化而不成龍畧有變化砂裏成龍便結

小地 山法

行龍護從者何正龍渾厚不生峰有峰多是枝葉送

旗鎗戈戟帳重重盡向旁行作護從故以峰求龍者

愧也凡行龍無頭面無星峰拋閃偏缺皆水星也龍

得水洗方能脫胎換骨老出嫩濁變清然後頓起星

辰結穴是以貴龍來處枝脚橈棹參差交亂人不知

其為水星也

水口關攔者何大地必有逆水之山來作關攔以收

局而固氣故曰水口高峰號北辰嵯峨怪石起雄星、

捍門華表兼文筆定出擎天鼎彲臣劍印旗槍天馬

現威揚萬里鎮邊庭佛生定有石羅漢仙作龜蛇鸞

鶴形土庫圓墩無異相也教積粟與堆金獅牛象虎

分茅土列陣屯兵武將生日月東西若得位世人何

德可擔承欲知遠近分枝幹更別單重世代分門戶

緊關如此斷若還夾峽也同論凡地理取逆天下龍

水盡是東行若局內有西流之水大而且長則龍必

西行多結聖賢仙佛大地龍水逆也故曰大凡順局

不爲奇案砂雖有力終微君如欲發千年富龍要翻

身逆大溪又結穴高低視水口高低可定水口羅星

形須逆水爲佳　山法平洋大地俱有

巒頭理氣之說本屬一串偏執者互相譏詆何故曰

論巒頭而不分六則無以盡陰陽之結撰猶臨症之

不按六經也彼之所謂巒頭得半而止者居多談理

氣而不辨三元無以參吉凶之消長猶用藥之不仿

四時也○彼之所謂理氣認偽為眞者不少若夫祇知

葬地不知葬天重陰迊結否閉不交天光無以下臨

地德何由上載是猶業岐黃者昧泡製而失重輕元

氣之不培且從而胲削之也雖巒頭熟而理氣精豈

能免于地吉葬卤之患乎　山平總

看地有捷法乎日有樹之大小以根由根而枝葉地

之大小以祖由祖而本身法當於三處求之起祖看

出身而少祖尤重尊星旁帳蓋何如過峽看變換而

近峽當先迎送中扛護何如至于主山則看穴星而

法葬如何曰葬地若乘舟中艙之中正中也鼻對船

虛氣脈兩明穴暈斯得揑莫揑于此者 山法

硬直之宜棄斷續隱微其氣清而愈清故粗蠢之多

老靜中求動以防弱也委蛇脫卸其脈旺而益旺故

求嫩動中求靜以乘生也氣現則結穴須于嫩中求

動者脈也恬軟肥圓者氣也脈現則成龍湏于老中

顯爲高糢糊爲下乃上看星辰下又看氣脈細小活

凡星面要平軟星脚要站住不飽不斜貴清貴瑩明

脈暈爲眞蟬翼內明暗何如三處看全地無遁形矣

三十五

頭腦則柁門其向斯正上坐艎板下栖船底高低深
淺斯得其宜去板穿底能訖濟乎滅頂之凶不卜可
知又船中須四面關攔冬宜閉夏宜開晴啟陰閉砂
之待人裁剪一般
地必久看方識乎曰凡看龍穴砂水如看金銀器皿
眞知灼見一目了然不識者愈看愈不識也但地生
眼生一時周到亦難楊公尙待三扦可不詳愼
兌人可吉葬乎日凶人而得吉葬必其間行一善能
消百惡又必此中爽直不失本來之陽性故也若貌

雖爲善心冷如冰一片純陰斷未有能得吉壤者

吉地由人乎由天乎曰看則由人天不能禁葬則由

天人不能違欲覓名山吉穴定須孝子賢孫心存忠

厚寬和方能誠以格天雖在貧寒常扦吉壤每見世

家大族積善者固多怙勢者不少好詼心高多金厚

利十年按紙談兵兩踵未摩山頂一朝指鹿爲馬雙

眸以鐵稱金操其命於門客下人埋其骨於砂頭帳

角誰嗣百年血食漫勞一世心機雖爲之者在人而

主之者寔天也

平地元言序

地理家言巒頭之書十居八九、然大抵不出山法之
巒頭耳、惟此卷於平洋水法之形局切要詳明允合
水龍之旨、故摘錄附後、熟此形局、加以理法乘清當
令之氣脈、分清三卦之向、水平洋之奧義略備無遺
矣。中間數節夾雜三合黃泉延年生氣等句雜亂
不倫、恐是後人妄添、悉刪去之以歸一格、
嘉慶壬戌日躔鶉首之次蘭林于楷

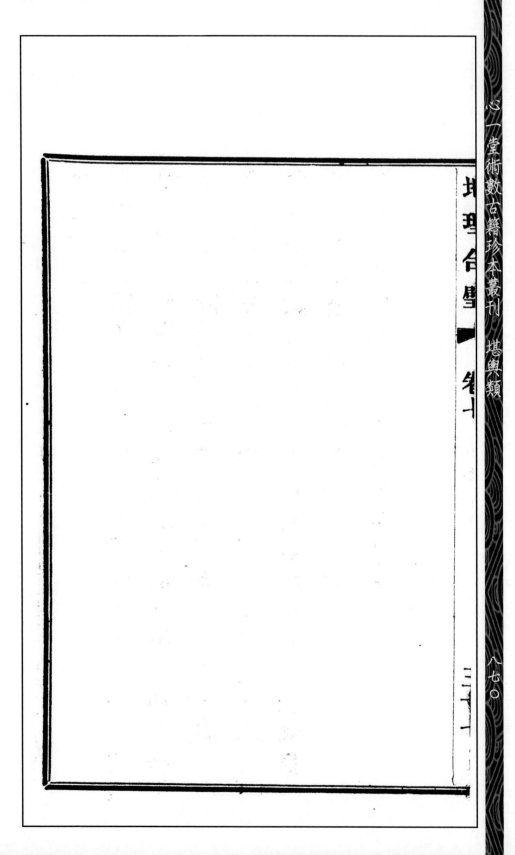

凡入一局之中先看水以尋龍、

先看一方水勢之去來以尋龍脈之起止并知是

何出脈是何龍氣卽子字出脈子字尋之法

龍行必有水夾龍入必有水兜。

夾者夾送兜者兜收水兜則砂抱抱則龍神凝聚

矣

逆挿之水關穴方能進氣豈畏源頭

大水東來一枝小水西挿則東來之氣逆回謂之

關穴

逆龍之水聚旁•便有斜襟•何云犄薄•

大勢東來到頭逆折則氣自停止只要屈曲聚會

卽斜流側出不得爲犄薄•逆揷水穴在下手逆

龍水穴在上手下手•故水來關穴•上手故水聚於

旁

關穴之水盡處則聚激龍之水狹處則收夾龍之水

合處則鍾•

盡處卽逆揷之浜頭水盡處浜口水之進氣浜底

水盡處地之進氣於水盡處聚束地氣也激者龍

行未住得下手水逆折而激動眞氣卽於狹小氣

止處收取卽上逆龍之水也夾龍之水二句詳上

龍行必有水夾二句言上頭夾送龍神之水於結

穴處必兩水合襟兜合而氣止也

水頭水尾不可槪論水短水長豈得例觀水長則氣

緩穴在源頭動處水短則氣微穴在腹中旺裏前後

左右一邊活水必一邊死水方能結作信是陰求陽

配東西南北四水交流必曲水聚會方能合卦的是

濁中取清

水長水短要看得活重在動處旺裏活水流動死

水停聚活水以停聚而氣止。死水以流動而氣入。

故能結作衆水交流必其中有一水曲折接着諸

水只看聚會處合何卦位始眞卽公私親疎之謂

也

論來水一直來一橫來一斜來驗分緩急詳去水一

過堂一會堂一纏後效有差殊

正文自明以下不註同

左冲右冲前冲後冲直冲必敗房分當應穴迎向迎

左迎右迎閃迎方吉丁財兩宜

遠近水動近水為的內外水順逆內為宗

數水朝堂砂回則水轉若見明砂逆抱福力無窮微

茫窩底氣聚則穴藏必須暗地護纏財源彌厚

若見退神橫過下砂直逼則何妨更見內水順飛外

應兜收反有益

退神去水也下砂直逼則去有關攔外應兜收則

雖順飛而終有止息若外水有大蕩開洋亦能蓄

勢

去方浩蕩卽有下砂不大來處分明雖無關峽亦清

卽蕩中墩阜關攔亦作下砂

總之逆砂一尺勝于萬丈。逆水一滴。勝于萬派也

至于作穴須乘生氣。有來氣。有進氣有動氣。來氣或

有脊而來或關閃而來或轉跌而來進氣則在臨穴

處或一水灣環或兩水關激其氣便入動氣或小來

大或大來小或直來忽轉面或平地忽吐唇此皆天

然生氣可以立穴

然又須觀四應為準或數局中彼此咸列或一局中

東西兼結又須察大小主輔向背偏正分劫環抱之

情形矣

要之來純不來雜出配不出獨

言來脈卦氣清純不雜他卦去水陰陽合配與地

脈交互不孤也

氣激必入局緊必眞用特必貴乘氣必清

用特如衆直特曲衆大特小之類

龍必察其緩急方可受穴砂必審其寬緊始不為殃

中宮受穴必敗五黃不變邊角立穴多與界水氣凝

論取驗以局配年。龍向不靈詳房分以星配位砂水

參驗

以局配年者看元運之吉凶三方弔照在何年始

應若專以龍向斷恐不驗以星配位者以九星之

吉凶分配房分公位參驗之於砂水也

摭錄羅經用針說　　　　瀋陽范宜賓著

夫羅經創自黃帝指南至楊公指出二卦三元分別獨用

兼用是以有左挨右挨之分後人不明獨用兼用之

旨另造退後半位一盤指為楊盤又造進前半位一即天盤名曰縫針

盤指為賴盤以為天氣參前地氣從後豈金針所指即人盤名曰中針

之南北從天氣地氣外另有一氣為之運動耶夫道

一而已矣苟運動之針可以二三則理數歧出又豈

道也哉不知天氣地氣陰陽互根針分南北乃天地

自然之理針之所指即氣之運動天地之氣在是理

亦在是此一本之旨也從此而分二氣五行分四象

八卦分二十四山四十八局此萬殊之旨也知萬殊

一本則金針所指一定不易世俗所增兩歧偏出盡

皆差謬矣其寔羅經止用正針向水準此立局止息

干支交界之處以防混雜其餘諸盤皆後人妄添或

以正針立向以中針格龍以縫針消水或以中針立

向或以中針正針縫針一串並用紛紛不一徒亂人

意悉宜刪去然後指歸一路立局定向乘運消水可

以施吾作用矣

范公於地理確有師承、惜文理欠妥、故前後不貫
串、主意不顯齗辭雜則意亂、稍爲裁改、始覺明亮、
並非好爲增減也　蘭
　　　　　　　　　林

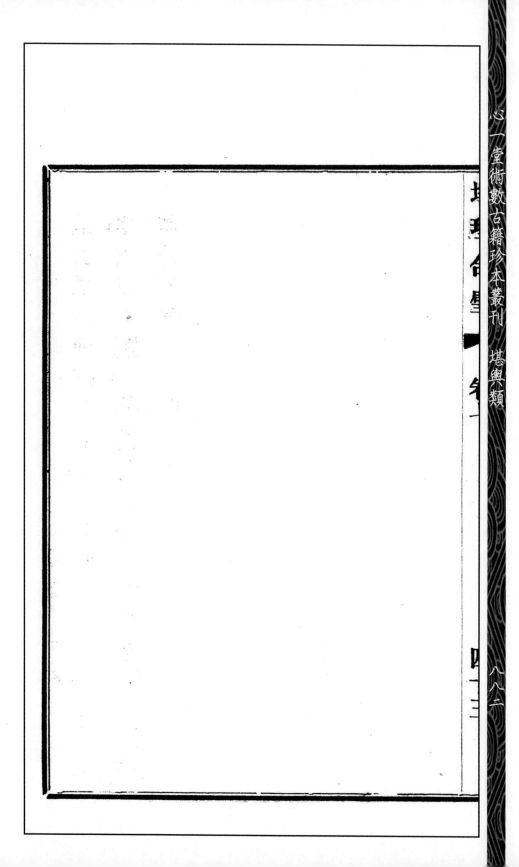

一卦三山陰陽說　　范宜賓

二十四山中四正之左皆陰四維之左皆陽 <small>此以坐山論若</small>

在向上則四維之左皆陰四正之左皆陽故用紅

黑字布於二十四山以便按山按向按水倒排其父

母之位申挨星之奧也此即天玉奧語青囊寶照挨

星之訣非世俗所謂天定地母五鬼等卦中起中止

邊起邊止之翻星也是緣不知元空倒排父母依紅

左順行黑右逆轉之用任意穿鑿然此即隔四位而

起父母之法也 <small>左隔四位而起父母者一卦管三山也從中　右干支歸到中一位之父母也中從</small>

是父母左右是子息○此即父母可帶子息之說諸說不細分故愈說愈昏○此二十四山總于八卦之有八卦好山排九星雙雙起○此挨陽星之旨即有九星順逆之旨也二十四山雙雙起○此挨陽星之旨即有九星分三山順逆之所以二十位位有一父母顛倒排之自山之父母輪到向上自向之父母輪到山上自來水之父母輪到向上自去水之父母輪到坐山如山向是陽星則水之來去要陰星山向是陰星而水之來去要陽星是陰陽只以星論不以八卦干支論陰陽也今翻卦翻星多方變亂豈知收山出煞專在於三卦之用耶三卦詳楊盤說中

地理合璧　卷七　一卦三山陰陽說　四十五

此篇悉從乾坤法竅原本畧刪去後半無關緊要

之言

山向是陰星一段按陰陽二字科糾不明若如所

云四正水要立四維山向四維水要立四正山向

但葬山首邱葬水首流卽楊公亦曰水來當面是

眞踪蔣公亦以乘氣要當前直達勿取左右耳受

之說若立別卦山向背首邱首流之義若卽立本

卦水山向則陰陽混雜犯空位流神之忌卽如離

水要立離山向此一定之法豈子癸午丁二陰向

反收壬丙陽水犯空位流神之病耶。總之挨星

之說按之作法處之支離毫無義理可通故錄存

此一段原本以俟世之深明挨星之學者蘭林識

楊盤挨星說

楊盤之式四正之左為陰是如癸子左四維之左為陽如乾是

於三卦內地卦單用天人兩卦可兼用如壬子癸卦

三字壬紅字只一個故單用子癸兩字俱黑故可兼用後人不明天人兩卦可

以兼用是以偽造退後半位一盤名為縫針不知地

卦為獨用又造進前半位一盤名為中針其寔楊公

用針並無中縫兩盤只有正針一盤此盤之用自子

之西起壬一字丑一字甲一字辰一字丙一字未一

字庚一字戌一字而該云自午之東起丙經四位此八起辰方合江東起二字經之意此

字皆向左行〔行即順〕皆是四個一故天玉開章即曰江

東一卦從來吉八神四個一也癸在子之東與亥辛

申丁巳乙寅八神皆向右行〔行即逆〕蓋甲庚丙壬辰戌

丑未為子午卯酉乾坤艮巽之逆子不與父母全行

若乙辛丁癸寅申巳亥為子午卯酉乾坤艮巽順子

與父母一路同行故天玉云江西一卦排龍位八神

四個二也〔如坎陽卦子癸二陰逆行豈非一亦陰逆同行三位中四個二乎壬一單用豈非八神四個若壬一字乎陽順再如乾陰陽卦不順行混雜亥故个壬二單用豈非八神四個二一乎戍陰〕

逆亦順單行用豈非八神四個二一乎戍陰　要之卦有順逆之

不同即有可兼不可兼之例夫可兼者天元之與人
元並用不可兼者地元之獨用也故楊公用卦天元
局只兼人元之癸不兼地元之壬如坐之與向水之
來去合得天元八位即為合卦有一不在此八位上
卽是出卦人地兩局俱同此例用三卦即收得山來
出得煞去不用此三卦即收不進山來亦出不得煞
去是三卦為至要矣至前云子之不可兼壬乃舉一
以例其餘如艮之于丑卯之于甲巽之于辰午之于
丙坤之于未酉之于庚乾之于戌俱不可兼而可兼

心一堂術數古籍珍本叢刊　堪輿類　八九○

者乙辛丁癸寅申巳亥八位，又要先定父母之爻。要乾坤艮巽子午夘酉去兼乙辛丁癸寅申巳亥，而此八位却不去兼父母之爻，只要父母去兼子息，不可去兼父母。以父母可帶子息，不可去帶父母之故也。

此愚意二句，單爲地元子局一子息而言。蓋去兼八卦父母之陰陽，子午夘酉各異，如四正則順逆不同，若兼丙庚壬甲，丙則與子午獨用，如夘酉所屬左陽一位。順若雖屬右邊卦之子午夘酉，則順逆正不之同，若兼乙辛丁癸，侗則與只可子午獨用，如夘酉所。以左邊之子息，不可兼寅申巳亥父母也。又若出卦乙辛丁癸，父母也，又若乙辛丁癸。何俱不陰，可兼行之同，有爲然一，挨家星骨肉，每卦全分，輩紅黑字之氣，前扶一位元，有氣。儀謂四象分八卦，天行健，氣所先，謂到天地定位也，故一支卦離三山，左右兩勉強夫兩……

分陰陽順逆則可若參前一位分地元辰戌丑未固

紅黑字終屬出卦某寔不敢深信

不可混入人元為用而乾坤艮巽之山向則水之來

去卻可在辰戌丑未上何也緣乾坤艮巽為辰戌丑

未之父母故為可用子息何以又不可坎離震兌之

父母不可兼子息四正不解之父

此即寶照中辰戌丑未四

山龍乾坤艮巽夫婦宗之意天元之卦能包人地能

兼三卦之用若水之來去在甲庚丙壬之上則天元

又不可兼若是則天元僅兼兩卦卦上以其為子午卯

酉之子不似辰戌丑未為乾坤艮巽之子也上文天不

元又文不

不可兼句當改與上云天元四維乾坤艮巽四局之父母又

不可兼句方與上文合筝并天元局能兼三卦之用

不可兼天人兩元是以三卦總要干向支水支向干

碍亦不至於地元甲庚丙壬辰戌丑未八位却是獨用

水方合挨加之法也直節對堂安二并蔣公乘氣要緊與句確有至理但與

頂來倒即是捉來脉若水向脉之意尚有離齗各山分法干捉支來豈立平向可捉左水右脉挨顛

捉脉亦不相通不解挨乎諸說各不解蘭林要知雙雙起者以甲庚丙壬

乾坤艮巽寅申巳亥為陽出脉以子午卯酉乙辛丁

癸辰戌丑未為陰出脉陽放在水上陰放在山上名

為順子一局之一起此非一山兩用四十八局乎十二

四山一順一逆此非一山兩用四十八
局乎何等明亮簡潔原文料纏不清

此四十八局

非卽二十四山之雙雙起乎是青囊陽用陰朝陰用
陽應顛顛倒倒之義山龍平洋皆用此法此皆天玉
寶照青囊之奧義忽分而言之又合而言之左之右
之總不離乎三卦也既明楊盤爲立向消水收山出
煞之用則縫針之消水中針之收山東西牽就皆可
不必且俗本三合黃泉大小元空納甲干支等不合
楊公天玉寶照諸書之旨用徵盤者不知此皆以訛
傳訛莊無徵驗故將楊盤剖析望後學詳加研究參

地理合璧　卷七　　楊盤挨星說

透個中妙理庶不至自誤丼誤人也

此篇全錄乾坤法竅原文其中有不合處寔挨星

之說與分卦乘運互相矛盾間爲註出折衷大雅

管見詳辨不合處數條備載挨星訣後 蘭林

地理合璧 卷一

挨星歌訣

秀水 于楷端士纂

挨星訣 平洋向上起貪

挨着星時水愈靈

挨排三卦眼惺惺

惟有貪輔衰旺寧

參前一位用羅經

平洋向上用挨星

空位流神宜切忌

餘星凶吉隨時轉

陽順四維陰四正

平洋向上起貪狼訣

乾上貪狼巳巽針

酉辛子癸卯乙辰

地理合璧　卷六　挨星歌訣

地理合璧　卷十

亥壬乾甲丙兼戌

離上貪狼向午丁

震臨丑未艮寅向

四隅陽卦貪狼

乾上貪狼　巳巽二陽向

酉辛子癸卯　乙辰七陰向

巽上貪狼　戌亥乾甲丙五陽向

艮上貪狼　寅陽向

坤上無貪狼

四正陰卦貪狼

六向皆從巽上尋

坎方坤艮兌庚申

惟有坤方無此星

坎上貪狼艮坤二陽向

離上貪狼午丁二陰向

震上貪狼丑未二陰向

兌上貪狼申庚二陽向

四隅十二陽位俱順行

艮山坤向　貪在坎　巽山乾向　貪在巽

寅山申向　　兌　　巳山亥向　　巽

甲山庚向　　兌　　丙山壬向　　巽

坤山艮向　貪在坎　乾山巽向　貪在乾

申山寅向　艮

亥山巳向　乾

庚山甲向　巽

壬山丙向　巽

四正十二陰位俱逆行

未山丑向　貪在震

丑山未向　貪在震

丁山癸向　乾

癸山丁向　離

午山子向　乾

子山午向　離

辰山戌向　貪在巽

戊山辰向　貪在乾

乙山辛向　乾

辛山乙向　乾

卯山酉向　乾

酉山卯向　乾

以上照子癸並甲申訣平洋翻在向上算

挨星訣原本

子癸並甲申　　　　貪狼一路行

壬卯乙未坤　　　　五位為巨門

乾亥辰巽巳　　　　連戌武曲名

酉辛丑艮丙　　　　天星說破軍

寅午庚丁上　　　　右弼四星臨

本山星作主　　　　番向逐爻行

廉貞歸五位　　　　諸星順逆輪

水兼星共斷

衰旺多憑水

運來星更合

運替星不吉

翻向飛臨丙

更有先賢訣

凶吉隨時轉

妙用許通靈

權衡也在星

百福又千禎

禍起至滅門

水口不宜丁

空位忌流神

貪輔不同論

艮順行寅甲分丑癸子分巽巳丙戌辛坤申未庚丁分午乾亥壬辰乙卯十二排來俱陰

武位戌俱破壬走輔丑彌甲起貪例辰巨如庚山彌到丙山祿彌到未甲文貪庚辰廉巨中

丙祿未文庚廉中武戌破壬輔丑俱順數如子山

貪到午巨巽祿卯文艮廉中武子破乾輔酉弼坤

如酉山破卯輔艮弼子貪乾巨酉祿坤文午廉中

武巽俱逆數餘山順逆做此以當令之星飛臨水

口吉水速發凶水減凶又貪狼爲九曜之首其吉

大而且久遠勝諸星輔弼亦妙故曰貪輔不同論

○摘蕉窗問答

又訣與前訣方位同在山上起

子癸甲申起本宮乙辛丁位巳相逢

卯午酉宮應在巽丙壬庚位戌中通

丑未逢庚坤艮午惟有寅山在乙中

乾巽辰戌幷巳亥湏知對面是眞踪

貪狼平洋照對面翻

又訣亦與前訣方位同

坤壬乙卯未亦起巨　　艮丙辛酉丑同破軍

巽辰亥乾戌巳武位　　甲癸申同子俱貪星

庚丁午與寅盡彌路　　挨至廉中宮位裡眠

陰十二四正四墓陰干是十二陽四維四生陽干詳

陰逆轉如坎至乾依數按陽順行若坎至艮逐宮輪

上元吉向貪巨祿　　中元吉向文廉武

下元吉向破輔弼　　星隨貼水對宮旋

合得三元三吉位　　　福來極速禍不沾

能將外水星翻吉　　　出煞收山指顧間

挨星之法其說不一卽青囊奧義中坤壬乙四句

亦所聞異辭後人又附會各殊紛紛入主出奴奚

所適從其所以變洛書之飛而用挨與所以不拘

元運挨着而增吉減凶之理實無明驗但就所聞

以上二訣姑撮其大意改作七言二訣取其簡便

易明以備一則而以所傳原本三訣附後但支離

牽合寔與分卦乘運諸法矛盾者多故詳經傳所

載可信者附後并附以管見不合數條

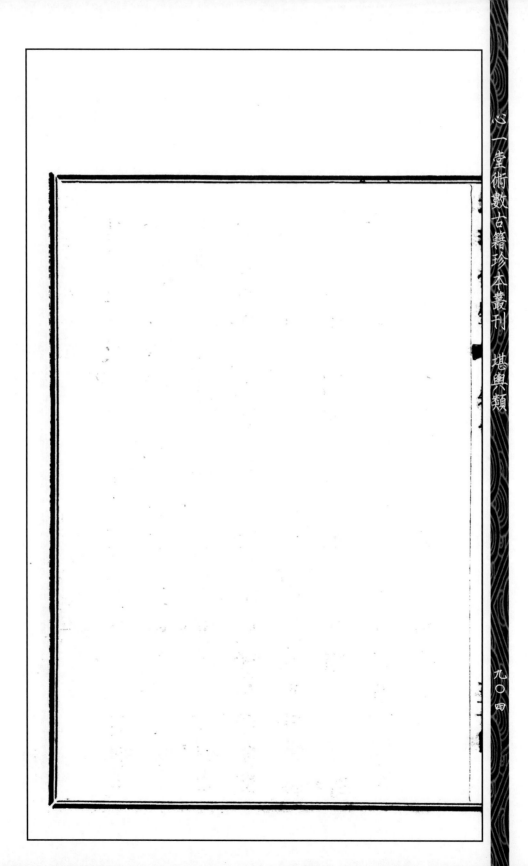

辨挨星之非

立說必有奧義然後足以信今而傳後若挨星之

說以九星挨配九宮其說不經全屬杜撰不足爲

法夫北斗七星昏建所指定時成歲傳自上古今

忽增爲九若以紫微宮統論何止數百若止增輔

弼二星又曰隱而不現既曰不現有何足據故昭

代叢書天官考以爲星歷家好奇之論一不可信

也一白水至九紫火飛佈九宮卽戴九履一之旨

今一白水而又曰貪狼木五黃土而又曰廉貞火

同處一宮而五行雜亂從彼乎從此乎二不可信
也一卦管三山八卦管二十四山此一定之位也
其中甲庚丙壬雖屬陽總歸四正之卦不過照十
二地支一層稍讓半字以清其界而必曰全體紅
字搜入四維犯出卦之病三不可信也丙向不宜
丁捉清陰陽之脈固為有理而又曰山向是陽星
水之來去要陰星則丙向必宜丁矣自相矛盾四
不可信也夫北斗至尊居中央而運四方曰帝車
者以其全體旋轉象車之形也杓之所指全斗之

精神寓焉是以能化諸煞若四方排列各守一宮

失居中臨御之體何以幹旋元氣且有本身魁衡

諸星而後可知其所向若杓星獨處一宮其光芒

四射無所不指矣五不可信也其餘種種細核與

分卦乘運諸法異同不合總屬無本之論

夫兩儀四象八卦九星從河洛中推明先天後天

體用之理以龍馬神龜洩其機上古聖人則之

中古聖人推衍之後人無可以私意變更何以同

一廉貞或配五黃或配八卦何以貪狼既屬一白

水而又曰貪狼木廉貞既屬五黃土而又曰廉貞

火二三其說無怪後人天父地母變貪化巨異論

日出若曰九星隨元運為吉凶失令則貪巨武有

時而凶乘旺則破祿廉文亦有時而吉則第言元

運可也何必附此挨星為贅疣乎若曰可以增吉

減凶則覆驗諸扦失運則挨吉仍凶毫無應驗且

斗為帝車運平四時從古聖人憑斗建以明時故

建寅建子建丑三代相沿惟有天樞第一星而後

知杓之旋轉如太極之於四象有太極然後可分

三十六

東西南北不然則東家之西即西家之東矣惟斗

亦然無本身何所據而定為指寅指子指丑耶愚

見莫若仍從斗杓所指諸煞潛藏之說以為選擇

家之要旨則理眞義切斯為不易之正論蓋指雖

一方而全斗之精神所聚故能諸煞潛消最為上

吉然某時指某方終從時上起見故尤為選時之

要旨至一卦三山陽順陰逆四十八局本屬分卦

中捉脈乘氣之法不必又將九星挨入立論可也

故蔣公亦曰作者須知八卦三元來情眞僞則九

星亦可畧也恐意見亦有不合處特不明斥其非

耳但挨星之說起自楊救貧久爲元空家之秘訣

故仍存其說附以管見俟後之深明其理者考焉

蘭林

附查史記天官書斗爲帝車運於中央臨制四鄉

分陰陽建四時均五行移節度據此則北斗固均五行而統管五行

者
也

又漢書北斗天之喉舌斟酌元氣運平四時

又晉書天文志曰魁一星天樞主天二曰璇主地

三曰璣主人四曰權主時五曰玉衡主音六曰開

陽主律七曰瑤光主星亦無所謂貪狼等名也

春秋運斗樞曰北斗七星第一天樞第二璇第三

天璣第四權第五玉衡第六開陽第七瑤光一至

四為魁五至七為杓杓合為斗居陰佈陽故稱北

極據此亦無所謂貪狼等名也

又昭代叢書天官考北斗只七星或云九星為九

州象其二星常隱而不現夫天昭昭之多也不見

者亦孰得而辨之皆星歷家好奇之說耳

李太僕紫桃軒集曰北極五星鈎陳六星皆在紫
宮中北極辰也其鈕星天之樞也天運無窮三光
遞曜而極星不動故曰居其所而衆星共之賈逵
張衡蔡邕王蕃陸績皆以北極鈕星為樞是不動
處也祖暅以儀準候不動處在鈕星之末猶一度
有餘凡天無星處皆曰辰惟北極鈕星為衆動之
樞其末一度有餘適無別星故得驗其不動耳
其餘術家附會之書雖有貪狼等名俱屬淺陋不
經尤不足信不及細載

即蔣大鴻辨正青囊奧義註中亦曰北斗乃七政

之根源八卦乃乾坤之法象顧於其中分彼此比

優劣眞詭怪之談只是天地流行之氣與時相合

者吉相背者凶豈惟貪巨武爲吉卽破祿廉文亦

有時而吉則與乘運衰旺原相合一則立向消水

單講元運之衰旺而九星自在其中又何必勉強

挨入致多後起之葛籐耶

天文微渺非其人之資性出羣通乎三才者安能

觀象察法通乎神明洞若燭照耶吾輩未諳天文

弟就經史之足據者採之爲明証如是而已又烏

敢道聽塗說妄信妄談作術家口吻故挨星之說

並非好爲立異翻駁前人另竪一赤幟也 蘭林

地理合璧卷七終

周同纘子緒

王銓濟巨川 校字

沈爾晟景陽

八　共訣捌冊

七政造命廿

選擇摘要

造命集要

四時陰陽五行恩用等共五例　附地支六合圖

六令配七政圖

諸星經度交宮共五則　并圖

選時斗杓

造命歌

渾天寶鑑

附陽宅得一錄並圖

地理辨正錄要合璧

續解悉遵原刊

己巳春朱壽朋題

地理合璧題詞

聖賢大道此為首端救濟良策修齊偉觀

兩間造化二氣旋盤潛心研究祕法畢完

此道通曉物阜民安邦家之光美哉斯刊

戊辰冬至紫麥撰句　朱壽朋書

選擇摘要序

選擇之書汗牛充棟然此是彼非皆毫無証驗豈
若日月五星之昭回於天彰彰共見乎遵七政書之
經緯躔度以定時日則扶補山向節宣寒暑以得中
和之氣所謂地德上載天光下臨是卽有吉而無凶
矣烏有藉於斗首元辰諸說乎今摘錄前人之法則
簡捷易明者數十條彙爲一冊以備選擇之要旨若
夫運用之妙則存乎其人之化裁毋嫌淺略不備也

嘉慶壬戌日躔鶉首之次蘭林于楷記

錄要目次

渾天寶鑑

附陽宅得一錄并圖

地理合璧　卷八

地理合璧錄要卷八

選擇摘要

七政造命法。

選日要明恩用忌難生我爲恩我生者爲用尅我爲

難我尅者爲仇宮度也。我者命也命冬至前後爲陰令用火羅忌

水孛夏至前後爲陽令用水孛忌火羅春秋分之十

五日爲平氣水孛火羅兼用如陰令安命子丑二宮

土以火爲恩命主與火羅有情謂之以恩爲用眞至

秀水于　楷端士纂

上海朱之翰紫君校

寶也。若安命寅亥木宮，木以水為恩，陰令忌用水〔學〕，謂之以恩為忌，壽而貧也。若安命辰酉二宮，金以火為難，謂之以難為用，多顛倒。如陽令以火羅為忌，而安命辰酉宮，為以難為忌，身不保也。如陰令安命火宮，陽令安命水宮，為星宮得地，花滿揚鞭，餘可類推。

何謂有情恩用相照也。七政照法有六：曰關〔度隔九十度，如子宮卯酉是關〕、曰輔〔宮隔六十度，如子宮寅戌為輔〕、曰夾〔前後三十度，如子宮丑亥為夾〕、曰拱〔隔一百二十度，甲為拱，如子宮辰甲二十度為拱〕、曰守〔命宮日照對宮，再合斗杓〕、曰照〔對宮再合斗杓，指向再能到命宮更吉〕。宜向不宜坐，造葬皆宜。斗杓指向，再能到命宮更吉。

出行上官婚嫁皆準之造則遇卯安命婚嫁同上官葬出行

則遇酉安命蓋卯酉爲日出入門戶也安命在初進

宮及將出宮之六度半爲淺度主之七度至廿二度

半爲深宮主之如子宮壬七度半癸七度半皆爲淺

天元歌曰大約六度是分疆連初度則七度矣言不

及半故曰大約也此地盤靜盤安命用之安命既定

將日躔加於用時之上謂之天盤動盤亦曰如十一月太

陽在子用卯時則子加卯各宮經緯依次排列則知

卯時動盤各星宜忌推生命亦當如是方準今之星

土地師皆以靜盤推算已無準驗再用四知堂通書
則更遠矣　本七政書無惑乎童而習之終身不得究
竟也

選擇摘要

一選擇先定造葬山向方有主宰

一選擇先取　憲書所宜之日不犯太歲歲破等諸凶煞及與命宮無冲尅者然後查七政恩用諸法其課內外本末兼顧純粹無疵

一造葬以命宮命主并向為重山次之

一造命先定斗杓到向後安命宮最便當倘方向時日不能亦不必拘特斗杓指坐山則斷不可耳

一安命宮以所用之時即作太陽所泊之宮算起順

坤璋命學　卷八

數遇卯安造命遇酉安葬命擇
假如太陽在亥宮選寅時即將太陽

移至寅宮作亥算從亥順數至午上遇酉安葬命
凡出行上任嫁娶生命亦同至子上遇酉安造命

一造命之法以恩用仇難為主如春分以後為陽令
宜用陰星相輔命主宜泊木宮水宮如木宮安命
取水孛為用星又生我為恩金星尅我為難火羅
陽星為忌秋分後為陰令宜用陽星相輔命主宜
泊土宮火宮如土宮安命取火羅為恩為用木星
為難水孛陰星為忌若夏日水宮安命命主又泊
水宮冬日火宮安命命主又泊火宮是謂星宮得

三

地花滿揚鞭最上之格也至於日月兩宮四時皆
可安命而得力則在晝用日夜用月春秋二分爲
平氣水孛火羅金計土皆可陰陽兼用細觀天元
五歌便得其詳
一造葬要取日月恩用與命宮命主山向關照有情
其所謂關照者守照夾輔關拱而前後參差不越
六度之外也本宮爲守對宮爲照隔一宮爲夾隔
二宮爲輔隔三宮爲關隔四宮爲拱惟對宮兩旁
之宮無情卽所謂吉星落限也各宮各星所躔之

四

度與我所安所向所坐之度前後參差三度中隔
一二度為最親切中隔五度為半親切在六度之
外不相涉矣

一五星四餘不論吉星惡曜只論恩用仇難

一安命要分深則論宮淺則論度如初入宮前七度
與將出宮後七度俱為淺再加各半度共去十五
度惟中十五度乃為深耳試以子宮論自子初度
為斗廿三度至六度為牛五度寔為子之第七度
也俱以淺算安在斗度則命主為木安在牛度則

命主為金子七度牛六度乃歧度不可以立向安

命矣子廿二度亦是歧度自廿三度至廿九度俱

為淺屬虛日鼠以日為命主不得作子算以土為

命主餘宮倣此

一日月食前後各七日不用

一水火同宮度不用

一羅孛同宮度不用

一日月與土星同宮度不用

一日羅同宮度不用

一月計同宮度不用

一恩用退伏為凶忌難退伏為吉

一有與太陽衝者不用

一計羅攔截日月恩用命主無他星混雜者最吉

一忌難當天照我雖不親切亦不可用 我者山向命宮主也

一雖用動盤為主而靜盤亦須詳審 動為用靜為體

一天星入宮太淺須移前湊合當用時之上刻天星

入宮過深須退後湊合當用時之下刻如山向與

天星適中者則取時之中刻

地理合璧　卷八　選擇

六

此初學之津梁入門之大旨至參伍錯綜神而明
之則存乎其人然規模大略終不出此範圍也

蘭林

造命集要

造命之法以日月恩用之拱夾定格以晝夜陰陽之

分定局以日之躔度定時以時定命以命定恩以

二至二分之時令定用

用天星須分晝夜晝用日水木為土計夜用月孛金

火羅先看日月次察五星

春秋二分不冷熱為平氣晝用日木為土計夜用月

孛金火羅寒暑兩時之候土金各有所忌節氣平

分之際土金俱無所碍如為恩為難又當分別

春分前用火羅計土亦可用木氣分後兼用月水孛

金將近立夏純用月水孛金忌木氣

秋分前用水月孛金分後兼用日火羅將近冬至純

用日火羅亦重木氣

日月五星一時八刻一移宮地盤一日不動天盤動卽
盤一時一轉以此山之地局合此刻之天盤吉凶靜盤
隨時而變同日之命吉凶頓改故造命之法擇時
爲主

凡立命既看日之躔度到宮以定時卽以時定命日

出於卯造日用之月生于酉葬日用之

日時只論孤虛者高旺相者爲吉總以日月五星所

坐之宮所躔之度爲定評得其陰陽冲和之氣爲

吉得其太過不及之氣及尅洩者爲凶

兩宮交界之度及同宮換宿之度分秒要算絲毫不

可差錯如星躔申宮井度命次未宮井木雖隔宮

而關係最深若命坐角度星麗亢金卽同宮而甀

無干涉

天有四極紫微垣在亥太微垣在午天市垣在寅少

微垣在西

本命之命宮及宮主度主身主俱要落得好 以相生 為貴

命垣有五行之辨助命垣為生尅命垣為鬼煞水火

土金隨時而定其衰旺亦隨宮隨命而定其生煞

最取有恩有用恩用要因時必忌難之無侵始用恩

之有據用若專權為上格忌星一雜福斯輕又恩

難雙行窮通交半

度主身當極旺時宜洩而不宜生不湏再用恩星但

得用曜作根源平令獨恩難發達衰時得令尙無

地理合璧　卷八　選擇　九

慾

凶星退逆遲留爲吉恩用則不能爲福難忌犯現爲

凶恩用則吉

人命以命宮爲主造葬以坐山爲主

鳩工瑬砌本山之衰旺宜詳創造經營當令之土星

莫犯　諸凡興工動作須擇之生殺方也須看天盤土　金落于何宮何度不宜侵犯每年五黃所到之方亦不可犯

太陽星　畫用　屬午宮

日爲太陽之精中天福照七政流恩建極神樞宮亥四

餘煥彩星曜中天照我頂度柳初恩曜福德光燄
異常如皇建有極權勢巍峨諸曜環親而
相顧四餘順照

而不敢爲非

日爲我命最忌單行如日月雙收而有吉星輔者更

吉若孤行獨明于上路如又逢身垣四極亥午之

俱空反成孤曜

日月與命宮三方弔照或與度主三合拱照衝照或

與本命同宮同度隔宮引從福力最厚日月在前

後兩宮夾拱福力最大總取日月照臨命宮命度

爲吉又看日月度數之長短以定吉少吉多若與

地理合璧　選擇

我無情則凶

日月夾命稱貴格然須兩宮拱夾貴若同宮拱夾則命主遇太陽而伏方

日躔房虛星昴四宿之度為太陽升殿更有力

時當薄蝕七日內無光不用

日躔角化木亢化金氐化土房為日不化心化月尾

蘭林氏曰主日為七政之主日豈有君之反化為臣者此說恐有誤管見以日為

化火箕化水擇其所躔之吉星吉度

太陽屬火若遇箕壁參軫四水宿則相尅無力須要移前看後時令若出水化木度水避之之說為非安正論亦

夏令金水守太微垣主吉

午宮有木炁而無恩用救援則星日間隔陽光遏抑

太陽怕羅睺又房日怕孛星昴日怕羅星

⊗

太陰星　夜用　屬未宮

月爲太陰之精最忌單行如日月雙收而有吉星輔

佐者最吉若孤行獨燦于中宵又逢身垣四破　亥午

寅　之俱空反成孤曜

酉

日月與命宮三方弔照或與度主三合拱照沖照或

與本命同宮同度隔宮引從福力最厚日月在前

後兩宮拱照夾命尤吉總取日月照臨命宮命度

爲吉若無情則凶

月値心危張畢四宿更有力

太陰與計都同度立時見殃若再耀土星則計之權

力深凶尤甚

逢晦朔日與月同宮同度人命逢之吉不必專取望

日但當薄蝕七日無光不用

太陰防計都又四月宿皆防土星計都心月畢月怕

逢羅字

水星　晝用　屬申巳宮

須看何宮何度要分冬夏恩仇夏至暑極專重水若

春秋中序節氣平分頃水火雙用冬令重火若水

星輔日或守或照不吉如水火爲難又値忌星更

凶

木命以水爲恩夏令遇之以恩爲用也冬令遇之以

恩爲忌也

水星忌躔土宿及與土星對照或全宮又水弱愛金

水旺不怕土四季水不尅火

金星　夜用　屬酉辰宮

太白在東前日收斂爲德在西後日放縱爲刑爲恩難者

湏分東西而斷幷看時令若寒暑兩時各有喜忌

節氣平分俱無所害如為恩為難又當活看 忌與火星

對照及
仝宮

水命以金為恩夏令遇之以恩為用也冬令遇之以

恩為忌也

木命以金為難夏令遇之以難為用也冬令遇之以

難為忌也

金弱愛土又金旺不怕火又夏金不剋木

入中宮為晝現恩則吉難則凶又太白晝現經天乃

選擇

太陽失權所致如係難星忌星固凶即係恩星亦

失權不吉　到午宮　為經天宮

○火星　夜用　屬戌卯宮

須看何宮何度要分冬夏恩仇冬令極寒專用重火

若春秋平序須水火雙用夏時重水若火星輔日

或入地當天不吉如水火為難而又值忌星更凶

土命以火為恩冬令遇之以恩為用也夏令遇之以

　　恩為忌也

金命以火為難冬令遇之以難為用也夏令遇之以

難爲忌也

火弱愛木火旺不怕水叉冬火不尅金叉忌水爭對

照及同宮

木星　晝用　屬亥寅宮

歲德守命一世貞祥。尊星領袖〔關〕當諸貴趨從群邪

退避

福壽之主春秋皆重冬令尤溫夏令太旺

火命以木爲恩冬令遇之以恩爲用也夏令遇之以

恩爲忌也最吉之星不作難論然午宮徒有木氣

而無恩用救援則星日間隔陽光遏抑

所臨之處最吉對冲之方則凶又忌金星對照

木弱愛水又木旺不怕金又秋木不尅土

土星　晝用　屬子丑宮

寒暑兩時土金各有所忌節氣平分俱無所碍如為

恩為難又當活看

金命以土為恩春分遇之以恩為用也夏令遇之亦

為至寶如夏金無土又遇火必炎秋金旺令有土

無火反難鍜煉冬金遇土無火以恩為忌也

水命以土爲難春分前遇之以難爲用也夏令遇之

以難爲忌也

土弱愛火忌木星對照及同宮又土旺不怕木又春

土不尅水

土爲凝滯之氣不宜當天橫照又土入未宮能掩太

陰如無吉星護衛月魄無光

凡興工動作須看天盤當令之土金落于何宮何處

不宜侵犯

不宜月孛星 夜用

一入中宮　命前三位　命即名經天　彼我深淺不同不相干涉

冬寒禍大夏令反受其益

太乙　字　與羅睺同度初年不利若旁照水曜則孛之

威勢大尤凶

木命以孛為恩夏令遇之以恩為用也冬令遇之以

恩為忌也

火命以孛為難夏令遇之以難為用也冬令遇之以

難為忌也

文武雜局有美有惡四餘獨行往來無碍彼此順序

相安若同　經混雜順逆難齊彼此相爭不讓此四餘條

同皆　晝用

炁星即景星守命吉如夾輔追隨亦大利帝曜臨垣

群邪退避逢凶化吉

福壽之主春秋俱重冬令尤溫夏令嫌太旺

火命以炁為恩冬令遇之以恩為用也夏令遇之以

恩為忌也最吉之星不以難論然午宮徒有木氣

而無恩用救援則星日間隔陽光遏抑

罗睺　夜用

罗為權要之星朔日與太陽對度則日蝕薄蝕時諸

事不利安葬尤忌_{造葬俱不可坐山尤宜慎}

羅與孛星同度一往一來初年不利若旁照火星則

羅勢更大患愈深矣

土命以火羅為恩冬令遇之以恩為用也夏令遇之

以恩為忌也

金命以火羅為難冬令遇之以難為用也夏令遇之

以難為忌也

地理合璧　卷八

計都　晝用

地尾計與太陰同躔立時見殃倘再曜土星則計之

權力大尤凶

望時與太陰同度則月蝕同經相聚亦凶若薄蝕時

諸凡不利安葬尤忌

計能掩日月之光朔望遇之凶觀其盈虛卽相近亦

不犯

金命以土計爲恩春分遇之以恩爲用也夏令遇之

亦爲至寶冬令遇之以恩爲忌也

水命以土計為難春分遇之以難為用也冬令遇之

以難為忌也夏令亦以難為忌

計入未宮如無吉星護衛則月魄無光

此與上一篇大同不異微有彼此詳略之不同惟

此篇於五星四餘分疏性情宜忌處各有條例使

用之者了然心目是以不嫌重複而並錄之蓋凡

事之足以資參考備規則者正復不厭其詳也

　　　　　　　　　　　　　　蘭
氏跋　　　　　　　　　　　　林

四時陰陽五行定例

立春後三十六日屬陽木　　又三十六日屬陰木

又十八日屬陽土

立夏後三十六日屬陰火　　又三十六日屬陽火

又十八日屬陰土

立秋後三十六日屬陽金　　又三十六日屬陰金

又十八日屬陽土

立冬後三十六日屬陰水　　又三十六日屬陽水

又十八日屬陰土

恩用仇難

生我者爲恩　我生者爲用　尅我者爲難　我尅

者爲仇

令星

春木夏火秋金冬水四季土

用星

木見火　火見土　土見金　金見水　水見木

造命十二地支陰陽五行所屬

子丑土　寅亥春木　卯戌夏火　辰酉秋金

巳申冬水

午太陽

未太陰

十八

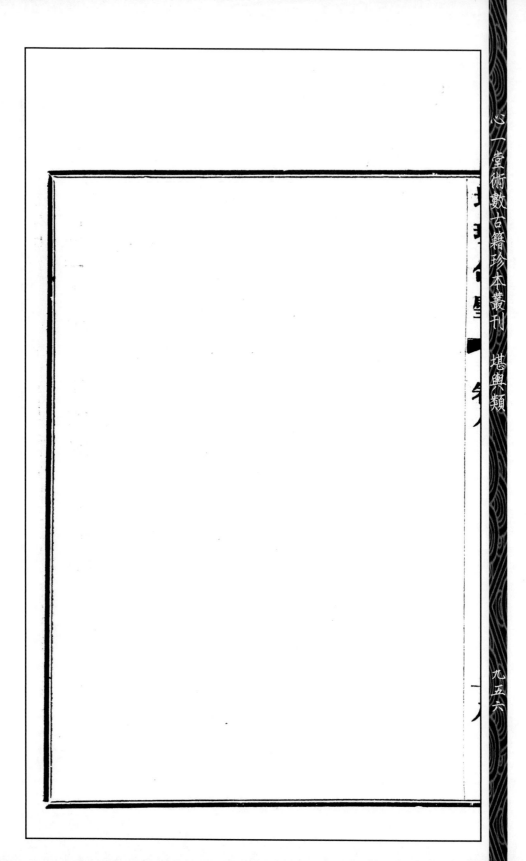

地理合璧　卷八　選擇

六合配七政圖

```
　　　水　金　火　木
日　申　酉　戌　亥
午
月　　　　　　　　　木
未

冬　巳　辰　卯　寅　丑　子
秋　　　　　　　　土　土
夏
春
```

協紀辨方曰離為日坎為月午之為日是矣子之
不為月者何月者水之精懸乎上受日之光而與
日並其方固必在未也地者水也土也子水丑土
其為地之體無可疑也地土位乎兩間者必木火金水矣子丑天
位乎上地位乎下行乎亥寅為木木
丑為水土之際木必生焉所以亥寅為木木
成而火已出矣故以卯戌配火成黅天之氣
之所居黅天之氣始于辰辰戌也土旺生金故
辰酉為金酉居金旺之極而水已生于申對宮為
巳酉又金之母也水必納於母氣故申巳為水出
水為生物之源是以麗乎日月其次則金其次則
火其次則木其次則土五緯之序水最近日金次
之火又次之木又次之土又次之此麗乎天者自然
之序也五行之在地其根於土者惟木木上生而
為火土又上生而為金金又上生而為水如盡卦
之由下而上也此行乎地者自然之序也然則五
星五行具有實理而非人所能強為也

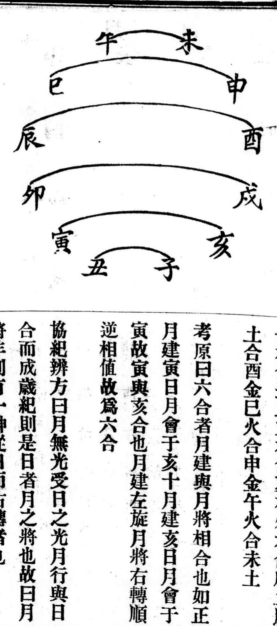

地支六合圖

子水合丑土寅木合亥水卯木合戌土辰
土合酉金巳火合申金午火合未土

考原曰六合者月建與月將相合也如正
月建寅日月會于亥十月建亥日月會于
寅故寅與亥合也月建左旋月將右轉順
逆相值故爲六合

協紀辨方曰月無光受日之光月行與日
合而成歲紀則是日者月之將也故日月
將非別有一神從日而右轉者也

地理合璧　卷八　選擇

諸星行宮行度定局

太陽星月行一度　　月行一宮

太陰星日行十三度　兩日半行一宮

水星順日行一度　　月行一宮

金星順日行一度　　月行一宮

火星順日半行一度　兩月行一宮

木星順五日行一度　一年行一宮

土星順十日行一度　廿八月行一宮

月孛右旋九日行一度　九月行一宮

木炁　右廿九日行一度　　廿九月行一宮
旋

火羅　左十八日行一度　　十八月行一宮

土計　左十八日行一度　　十八月行一宮

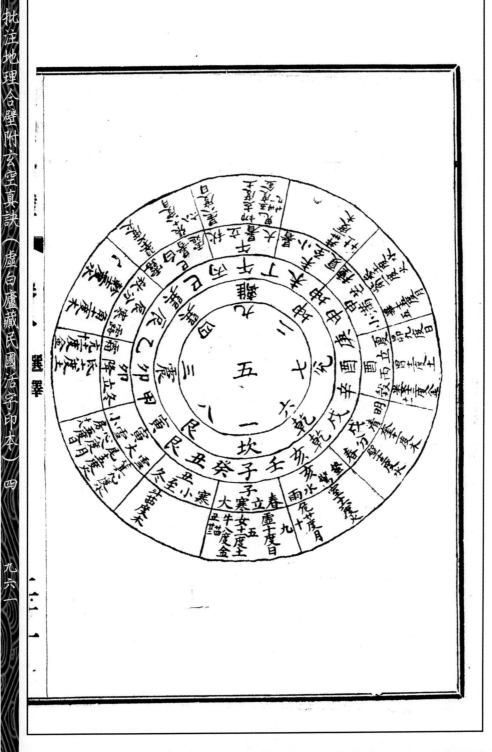

地支十二位所屬二十八宿纏度自左至右逆數

午	未
星一　柳一　鬼一　井 井廿九度	井一　　　　井廿八 參十

巳	申
星六　張一　翌一	昴五　畢一　觜一　參一

辰	酉
翌十　軫一　角一	奎十一　婁一　胃一　昴一

卯	戌
角十　亢一　氐一	室十　壁一　奎十一

寅	亥
氐十八　房一　心一　尾一　箕一	危十　　　　室一 危一

丑	子
箕二度　斗一度　斗廿二度	虛九度　虛一　女一　牛一　斗廿二度

二十八宿度數

角	尾	虛	婁	參	張
角 木十一度	尾 火十五度	虛 日十度	婁 金十三度	參 水十一度	張 月十八度
亢 金十一度	箕 水九度二十度	危 月二十度	胃 土十二度	井 木三十一度	翌 火十七度
氐 土十八度	斗 木廿四度	室 火十六度	昴 日九度	鬼 金五度	軫 水十三度
房 日五度	牛 金八度	壁 水十三度	畢 月十五度	柳 土十七度	
心 月八度	女 土十一度	奎 木十一度	觜 火一度	星 日八度	

此三百六十度略舉成數爲備考入宮之深淺其中初度半度零數不及細載 蘭林氏

二十八宿黃道度數 錄明史天文志

宿	度數
角	十度三十五分
亢	十度四十分
氐	十七度五十四分
房	四度四十六分
心	七度三十三分
尾	十五度三十六分
箕	九度二十分
斗	廿三度五十一分
牛	七度四十一分
女	十一度三十九分
虛	九度五十九分
危	○二十七分
室	十七度
壁	十六度三分
奎	十一度三十九分
婁	十三度
胃	○十三度一分
昴	八度廿九分
畢	十二度五十八分
參	廿一度一分
觜	十一度三十三分
井	廿三度五十分
鬼	五度三十分
柳	○十六度六分
星	八度廿三分
張	○十八度四分
翌	十七度
軫	○十三度三分

黃道交宮宿度

箕四度十七分入星紀　牛一度〇六分入元枵

危一度四十七分入娵訾　室十一度四十分入降婁

婁一度十四分入大梁　昴五度十三分入寔沉

觜十一度二十五分入鶉首　井廿九度五十二分入鶉火

星七度五十一分入鶉尾　翌十一度三十四分入壽星

亢初度四十六分入大火　房二度十二分入析木

選時斗杓

蘭林于楷集　　　紫君朱之翰校

斗杓訣

以戌時加月建順數某之時指某方最者便是

俯方每日用斗杓所指之時指動手方者便是

月月常加戌時，時建破軍，破軍前一位，永世不傳人。

假如罡星在子，則其身在午，所指者吉。順之也。所在者凶，犯之也。餘位做此。

斗杓指例（一說立春雨水子時指辰起）

雨水	驚蟄	子時指辰
春分	清明	子時指巳
穀雨	立夏	子時指午

小滿　芒種　　　　　　　子時指未

夏至　小暑　　　　　　　子時指申

大暑　立秋　　　　　　　子時指酉

處暑　白露　　　　　　　子時指戌

秋分　寒露　　　　　　　子時指亥

霜降　立冬　　　　　　　子時指子

小雪　大雪　　　　　　　子時指丑

冬至　小寒　　　　　　　子時指寅

大寒　立春　　　　　　　子時指卯

一歲四時之候皆統於十二辰者以斗罡所指之
地即節氣所在斗有七星其第一星曰奎第五日
衡第七日杓此三星謂之斗綱如建寅之月昏則
杓指寅夜則衡指寅平旦則奎指寅而總以杓所
指者定時成歲故正月指寅二月指卯三月指辰
逐月順推謂之月建天之元氣無形可窺北斗樞
幹四時斟酌元氣造化之大柄也選擇家以斗杓
所指眾煞潛形故重之
天罡者即斗杓也每日初昏時所指者即月建之

選擇

方故日月月常加戌時時建破軍蓋以戌時加月

建順行至所用之時便得天罡星所指何方也如

正月建寅則寅時指午方子時非指辰乎餘可類

推

通德類情又駁之曰通書謂天罡星其神威烈其

氣勇猛順之者吉逆之者凶方道惡煞得天罡所

指化凶爲吉然方道惡煞當論制化不得以一指

了事也愚謂小凶可化大凶則仍當或避或制誠

不可專尚斗杓

附楊筠松造命歌

揚郡　道述之註　　上海王銓濟巨川校

天機妙訣值千金不用行年與信音但看山頭併命

位五行生旺好推尋

此一節為通篇之冒鋒不潁而的破言不多而義

顯其所以指迷途者至矣。五行只用正五行

一要陰陽不溷雜二要坐向逢三合三要明星入向

來四要帝星當六甲

第一要陰陽不混雜如陽令宜水孛不可要緊位

上雜以火羅陰令宜用火羅不可雜以水孛用日
宜晝用月宜夜之類不必牽入擇地上講蓋此為
選日而言非為擇地而言也二要坐向逢三合乃
三合拱弔兼關夾拱照而言舉一以例餘也三要
明星入向乃當令之日月五星到山到向為吉四
要帝星當六甲以四時分旺之帝星而言而日實
主之取用日元適當六甲之旺令則他干支之神
煞非休即囚惟我令是從矣
煞在山頭更若何貴人祿馬喜相過三奇諸德能降

造命歌

煞吉制凶神發福多

用貴祿制煞必當取用眞祿眞貴但眞不易得不

得已而用飛耳然總以前之四要為最不可貪此

失彼竟捨其本而逐其末也

二位尊星宜值日一氣堆干為第一拱祿拱貴喜到

山飛馬臨方為愈吉三元合格最為上四柱喜見財

官旺用支不可有損傷用干最宜逢健旺生旺得合

喜相逢須避尅破與刑衝吉星有氣小成大惡曜休

囚不作凶

二位尊星即當六甲之帝星恐人不悟又揭於此

而以一氣堆干例之也尊星有二位如木旺於春

春日有事於木山必取甲寅乙卯二位尊星使之

值日也萬不可得而用他日者則必有許多調停

幫助之法而猶不及二位尊星之力所以甲與乙

為二位尊星三元合格即申子辰等之三合局也

吉星當旺令雖小力大惡曜至休四雖凶不凶所

以制煞必於其休四之日

山家造命既合局更有金水來相逐太陽照處自光

地理合璧 卷八 造命歌

輝周天度數看躔伏六個太陽三個緊中間歷數第

一親前後照臨扶山脈不可坐下干支缺更得玉兎

照坐處能使生人沾福澤

山家造命干支已皆合局則當更取天尾以助之

天星十一曜利用者莫如日月金水日月為眞陰

眞陽君后之象也恩光到處無不榮昌金喜其淸

水愛其秀至土濕火烈人皆畏之固已而木為福

德之曜何以亦見棄於月家謂其能蔽日月之光

拘矣用之不與日月同躔宮度何藏之有土為萬

物之母水火民非不活何以亦偏廢之耶調劑寒

熱各有其候皆宜斟酌取用然楊公非論五星全

體全用也盖其造命本用干支爲主特取天星之

極純極粹者輔之以盡其致也六個太陽謂星盤

上守夾輔關拱照在山曰守在向曰照造葬重山

三個緊乃守夾拱之於山也第一親是歷歷數來

而取其在頂度者而用之也頂度前後各三度也

坐下不可缺謂坐下之干支不可無日月金水照

到也

方方位位煞神臨、避得山過向又侵、只有山家自旺

處天機妙訣好留心、支如不合干中取、迎福消凶旺

處尋任是羅侯陰府煞也、須藏伏九泉陰、

歸根宿命總結到山家自旺處、可知帝星當六甲、

卽是山家自旺之處山當自旺處、卽諸吉不臨而本

身旺氣亦足以壓伏羣凶、況又有吉星以助之哉、

自旺必要如前云有事於木山宜用木德旺月用

甲寅乙卯旺日兼用亥卯未旺局、如干支不能俱

備干則不可不合是也、其次相日亦得生氣無如

泄山益中有損如是通盤打算總不若甲乙之妙

故以帝星尊星推之有以也夫

附渾天寶鑑

慈水孫廷楠景堂著

上海周同纘子緒校

自敍

渾天寶鑑序

竊聞陰陽既判氣數流行剛柔相推性命各正性者
氣之先氣本於性而性則未始氣氣所由以生命者
數之始數本於命而命則未始數數所由以與在人
爲五倫仁義禮智信秩然而各足在天爲七政日月
星辰燦然而不紊同一性也而淸濁厚薄氣卽隨之
同一命也而壽夭窮達數卽定焉是以代謝屈伸相
尋而不息盈虛消長反覆而無窮盛盛衰衰靡有紀

三一

極與興廢廢不可端倪春夏秋冬徵地氣之隆替晦
明弦朔見天數之循環生殺周流貫通終始陰陽相
見人物榮昌此皆氣數為之往來而人莫之察也自
異端蜂起人淆瞀說家述偽書相地者唯干支是求
而氣數之生尅弗究也選日者唯干支是尚而氣數
之衰旺弗知也舍活潑之陰陽而用版煞之干支仇
忌攻侵吉凶顛倒俾葬者失福而得禍山川有靈豈
能向人自白其寃哉予幼習詩文長失恃怙奉親之
訓命學堪輿日讀天文地理之書旁通諸子百家之

地理合璧 卷八 渾天寶鑑序 三十一

說苦心考證邪正奚分勵志鑽研是非莫辨後從學

於環陽夫子而氣數之精微始透澈而靡遺然後知

時書時術其有害於世道人心不少也夫義和之選

日授時梓慎之剛柔選擇楊公之渾天烏兎文成之

玉歷璣衡皆本於日月五星而干支之生尅不與焉

聖人仰觀象緯布列宮垣辨生煞以分榮枯審時令

以立恩用迎神避鬼去煞留生建造化之樞機爲生

民之主宰豈諸家之選擇純用干支棄本逐末者可

同日而語耶天星生旺理極淵深因得師傳方能洞

悉今特披荆關路闢發指明俾天下後世為人造福

之土閫域而不惑於他歧者未必無小補云爾

地理合璧　卷八　　渾天寶鑑

慈水孫廷楠景堂著

上海周同纘子緒校

五星擇日論

嘗聞地德上載天光下臨二氣冲和萬靈毓秀是以
仰觀象緯先王敬授人時俯察山川聖人裁成地道
然山川之徵應遼緩難期象緯之休嘉昭明易驗盛
衰興廢本氣數之循環壽夭窮通寔五行之變化休
旺雖歸氣數安危先在星辰故氣數未來難發山川
之秀星辰既得易顯化育之功

氣數未遇惟藉葬日之天星可以發福於初年卽

氣數已逢而葬日亦不可不合天星也三元甲子

子午卯酉爲上元寅申巳亥爲中元辰戌丑未爲

下元五行卽天星之七政非干支之五行學者切

莫錯認

穴吉葬凶縱吉壤不能見效時艮日利卽頑山亦有

餘榮故擇日不重干支選時必資星象

自異端橫起邪說流行習染已深賢愚共囿詬知日

月爲乾坤主宰五星寔造化神樞但精微久晦而難

闻學士何由而啓悟略陳大槩敢質高明、

日月爲發育之眞機五星爲造化之根本氣之流

行疾於桴鼓七政相生吉凶互見非時說紛紜莊

無效驗之比故略吐露一二以明眞僞之不同

夫後裔亢宗歸功於陰地土人復命取效於陽星星

掌生命之權造命之機神迅速地主司成之職形勢

之感應濡運分道揚鑣同途異轍故與衰視星光之

功用榮枯本登穴之星辰時日正祥朝封夕燬天星

乖謬旦宂暮悲

旺運未交必藉葬日之吉星以生化命其效在於

陽星以地靜而應遲天動而應速故功效有不同

也以下俱言五星作用

蓋星昭生煞之神象列宮垣之數五星隨垣而定八

神依數而分有一曜之生神有一星之鬼煞必生收

而煞去始鬼避而神迎

五星有生煞之分命垣有五行之辨助命垣爲生

神尅命垣爲鬼煞日月爲陰陽之主木炁乃福德

之神水火土金隨時而定其衰旺亦隨宮隨命而

定其生煞也經云藏神合朔、鬼避神迎、出煞收生

日時大利

彗入天中先看經星之深淺計橫地面復觀日月之

盈虛退逆遲留當加詳審犯侵伏現更用深求異度

而同宮災祥無涉異宮而同度禍福攸關得失憂虞

必考眾星之入地吉凶悔吝先究諸曜之當天、

彗即孛星一入中宮即名經天命前三極為中宮

要看深淺彼深我淺彼淺我深不相干涉湏論時

令冬寒禍大夏令反受其吉計能掩日月之光朔

望遇之則凶觀其盈虛卽相近亦不犯災凶星退

逆爲吉遲留亦然難忌犯現爲凶恩用則吉同度

各宮如星躔中宮井度命次木垣井木雖隔宮而

關係最深若命坐角度星麗亢金卽同宮而竟無

干涉地天兩宮一生禍福攸關故當考究午宮高

居頂上古人以官祿名之左福德相貌右遷移疾

厄此五宮之星皆胥見於天者也子宮水土卑下

古人以田宅名之左兄弟右男女皆共此田宅者

也兄弟之左爲財帛是與我共有者也男女之右

為奴僕是服役於吾家者也此五宮之星皆隱於

地中而不現者也左右前後宜細加審察方可選

用、

水火福澤之基宜分冬夏木炁壽元之本不論春秋

水火活命之根湏看何宮何度要分冬夏恩仇木

炁福壽之主春秋俱重冬令猶溫惟夏令太旺壽

有餘而文不足也炁星若現卽名景星主大祥瑞

歲星所在為珍若對衝則反為咎太白出東為德如

西現則轉為刑

木然守命一世禎祥若夾輔追隨亦為大利木星

所臨之處最吉對沖之方卽凶金星在東則收歛

在西則放縱日前為東日後為西金星為恩難者

湏分東西而斷幷看時令若入中宮則為晝現恩

則平步青雲難則凶禍立至不可不細加詳察

水輔陽光冬令無立錐之地火隨日影夏時有回祿

之憂

冬令重火若水星輔日或守或照俱孤苦貧窮而

祖基淺薄夏時重水若火星輔日或入地當天主

刑傷回祿而家業蕭條如水火為難而又值忌星
則身家不保矣
冬夏二至不同恩用原無專主寒暑兩時自異土金
別有眞詮故節氣平分湏陰陽之互用春秋中正惟
水火之雙淸
冬夏二至寒暑之極專重水火若春秋中序節氣
平分湏水火雙用若寒暑兩時之候土金有所忌
節氣平分之際土金俱無所碍如為恩為難又當
活看此數段俱足上文之義而推廣言之

天首亢陽童歲成孤此時日食偶逢會見炁嘗莫保

地尾侵月瞀年失恃倘遇蟾光被掩佇看炗獨亡家

天首羅喉星也朔日與太陽同度則日食近則尅

父地尾計都星也望時與太陰同度則月食近則

尅母同經相聚一生貧苦而形尅更深薄蝕之時

諸凡不利而安葬尤忌

計入秦州徒抱雲霄之志孝孃東井頻來庚癸之呼

未宮月申宮水計星守未宮能掩太陰之光故有

才而不遇孝孃東井水入秦則晉熟秦飢入晉則

晉飢秦熟孛乃水之精次於井則水荒更甚

羅鑠酉辰田園耗散孛攻卯戌男女荒淫廢興牛在

孛羅豐悴全憑水火

辰酉二宮屬金夏令羅星在辰酉守命度者一生

貧窮卯戌二宮屬火冬令孛星麗卯戌或守命度

者男女多淫孛眼爲權要之星女命尤重水火爲

活命之主關係更深

文武並貫美惡相兼恩難雙行窮通交半以恩爲忌

身彭祖而嘆范丹業陶朱而嗟伯道以忌爲難流離

困厄疾病顛連以用為恩安富尊榮聲名赫奕

五曜為文四餘為武文武雜局有美有惡恩難雙

收有吉有凶木命以水為恩冬令遇之則壽而貧

火命以水為難夏令遇之則富而孤土命以火為

恩又遇冬令是以恩為用也故富貴兩全金命以

火為難又逢夏日是以難為忌也故身家不保

太乙與羅睺共度初年不利若旁流水曜則憂患方

與太陰與地尾同躔立時見殃倘再曜土星則災危

更甚

太乙孛星也孛羅共度一往一來初年不利若旁

照水曜則孛之勢大而憂患更多計月同度固屬

不祥若再加土星則計之權重而災危愈甚四餘

獨行往來無碍彼此順序而相安若同經混襍順

逆難齊則彼此相爭而不讓蓋諸星右旋羅計左

旋故也

星名曰馬木孛則日星間隔牴續艱難鬼號金羊土

計則金鬼泥濘身家顛沛

木孛最吉之星不作難論然午宮徒有木孛而無

恩用救援則星日間隔陽光遏抑主子息艱難未

宮土計能掩太陰如無吉星護衞則鬼金阻塞月

魄無光必目盲困頓

劉蕡下第橫遭中土之鋒莊子鼓盆坐受西金之尅

土星凝滯之氣若當天而橫照一生懷才不遇金

曜蕭殺之星或正受而高懸主少年有斷絃之嘆

旭日獨明于上路所如不偶眼孰回青孤蟾獨爨于

中宵觸處成迷心誰吐赤故日月雙收而多助早登

雲路以揚名身垣四極之俱空端向山門而寄跡

日月爲我之身命最忌單行有吉星輔佐者年少

功名終身富厚若日月孤行又逢四極俱空必孤

苦伶仃師巫僧道

是以天中福照七政流恩建極神樞四餘煥彩尊星

領袖諸貴莫不趨從帝曜臨垣羣邪自然退避

星曜中天照我頂度恩用福德光斂異常如皇建

有極權威巍峨諸曜環親而相顧四餘順助而不

敢爲非天有四極一紫微垣在亥二太微垣在午

三天市垣在寅四少微垣在酉尊帝二星即木炁

也木號歲星又名福曜主仁慈道德祿壽文章焉

名帝曜又曰景星主穎悟英聰逢凶化吉經云木

烝當關羣邪自退故木烝兩星選日尤重

逢木火于天市擁金穴以堪誇會金水于太微步玉

堂而仰羨紫微奎宿穎秀絕倫少微文昌英明邁俗

故曰居昴畢水火流瓜瓞之綿綿月宿心房木烝兆

簪纓之濟濟

天市垣為財帛宮冬令木火守之必主大富太微

垣為官祿宮夏令金水守之必主大貴亥為辰極

之樞坐奎度者主出神童酉為青宮翰墨之所坐
胃度者主生才子昴為妻宮房為命垣身命有水
火木炁坐鎮者主後嗣蕃衍富而兼貴世人禀日
月而生日出於卯月生於酉故卯為生人之命酉
為死者之宮此果老所定乃先天之宮命也若後
天宮命日出於卯月沒於酉東西對待男左女右
故卯為命宮酉為妻宮亦果老所定乃後天之宮
命但果老有訣無書故學者無從考究偶然漏泄
識者寶之

軍天寶監

身命麗丹天之內令星趨侍奕世輝煌日月守黃道

之中恩曜聯鑛芳聲赫濯倘用星得令卽水浮魯境

抱北海之鴻才若吉曜相隨縱木打寶瓶同嵩山之

上壽

丹天是午又名官祿黃道諸星聚會往來之所身

命值之貴者居多若得恩用輔佐必名標青史功

垂竹帛春夏之交麗戌躔奎卽水泛白羊文才播

於海內秋冬之月坐子臨虛卽木打寶瓶必享期

頤之上壽

眾曜環趨而聯繫調元黃閣官居廊廟之尊諸星後

擁而前呼建旌轅門威鎮邊疆之重、

文曜當天三垣如蟬聯珠貫必開黃閣而位三公

武曜當天後擁前驅並無難忌侵犯必建旌節而

居八座、

若夫鳩工甃砌本山之衰旺宜詳創造經營當令之

土金莫犯是以選時選日自有活潑之眞機初非時

術時書專守拘墟之曲見

諸凡興工動作須擇旺方起手衰方卽煞方也不

宜動作衰旺乃三元之氣數非三合之生煞也土

金二星不宜侵犯須看天盤上金落於何宮何度

莫犯為吉如日月到山到向與我無涉須擇此日

此時日月諸星何度何宮化命乘此艮時而登穴

復生吉命福蔭後昆此乃活潑潑之陰陽故能鍾

靈毓秀如時書甲乙之生尅乃子平先生推命之

書板煞排算非化育之陰陽故曰拘墟之曲見

造命之法先看日月次察五星必忌難之無侵始

用恩之有據如五星皆馳日月落陷經緯不相對

吉凶躔歧度者俱不選用至若守儷朝貫拱夾交

趨種種格局之不同宜變化用之不可拘泥也

蓋天行最健無瞬息之停星宿相隨每因時而轉以

此山之地局符此刻之天盤則兩曜凝祥五星效順

天心允協陽和護大地之靈坤道揚休涵育挦渾天

之氣既山川之盡善復象緯之無訛豈云瑞溈苞符

乾坤歸于掌握庶幾秘開靈鑰變化出于心裁不敢

自私用公同志

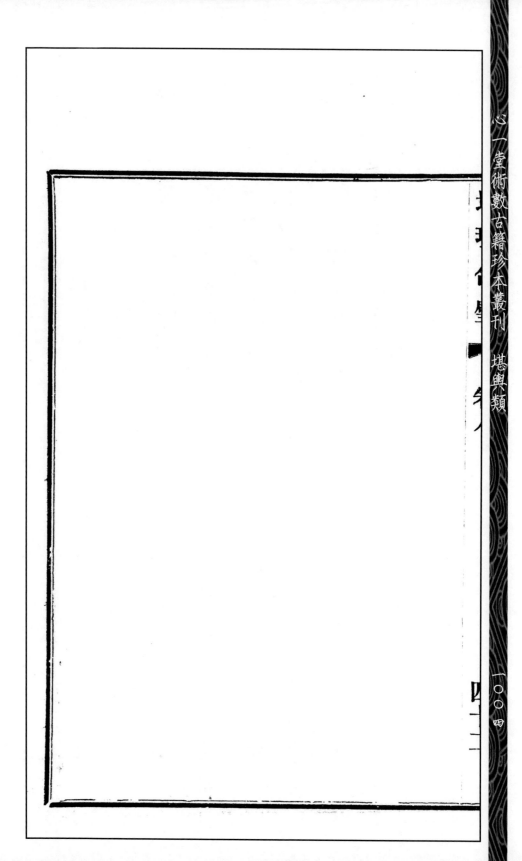

附陽宅得一錄

原小序

陽宅之法十有三家然言向者必遺門言門者或遺

運禍福舛錯毫無定見是編集諸家之秘旨定吉凶

如觀火得之者幸勿輕視

陽基之旨較陰地更元而應速予研求數年未得其

要丙戌歲在武彝始得真奧後以奔走南北未遑成

帙然持以察人居驗如抱鼓因於今秋編次成書

此卷得之潘閬峰家惜失作者姓名雖拘拘于方

地理合璧 卷八 得一錄序

上海沈爾晟景陽校

位形象之淺近無甚奧義然亦足以爲立向開門

遷室安房之一助故錄以附後于蘭林記

一白貪狼坎
二黑巨門坤兑
三碧祿文震兑
四綠文曲巽
五黃廉貞坤兑
六白武曲乾
七赤破軍兑乾
八白輔星艮民
九紫弼星離

附陽宅得一錄

陽宅天元賦　上海沈爾晟景陽校

陽宅僞學亂眞辭皆害志坐山定宅宅既不眞三合

論宮宮亦全謬五鬼六害豈皆絕命之方生氣天醫

不盡延年之路貪狼巨門高聳未是古星廉貞破軍

昂頭詎眞凶曜須識九宮之數始明八宅之眞上元

一白爲君震坤夾輔中元四綠居首五六相承七赤

統下元艮離襄旺春榮秋落莫尋出運之龍陽往陰

來湏遇本宮之水正偏曲直惟貴格清廣狹淺深只

求位的形局之模糊猶可方隅之雜亂難言曠野平

原端取流神結體關廂村嶺多將衢路分踪城隅倚

城為憑山國傍山立局高樓峻宇嶠星借插于隣家

堰閘橋梁動氣交冲乎轍跡墻籬皆能障蔽竹木亦

可攔當總之水為引氣之神察其來又看兜抱風多

吹氣之力性主散湏用遮攔噓吸雖辨陰陽化機總

歸一局水氣在土膚之上以光相交風氣來虛空之

中隨形變影每逢空缺即為來一遇遮攔便作止辨

明來止二氣方識噓吸眞機更論宅神尤多妙用權

衡內外變化吉凶○蓋內氣是宅內之方隅外氣是宅

外之風水外凶內吉但許小康外吉內凶難除瑕疵

此論曠野一家之宅非言城市比屋之居若夫連甍

接宇大體先論宅形機括更看門路四方正直備有

八宮區闊狹長偏歸二卦一曲湏論首尾三灣亦取

兩頭曲勢斜形辨此濁彼清之界兼方合卦知左衰

右旺之殊假令震兌几橫捜求二卦艮坤罄式並考

兩宮格不一方卦有定理試問闢門何地乃知氣入

之原細分內室何方始定歸根之蒂門通前後則卦

地理合璧　卷八

不一家室臥居中則氣收兩合向兼寅甲坐襟亥壬

東房富則西房必貧南枝榮則北枝必萎欲較門之

力量亦辨宅之形模方宅四周門通八卦如其曲折

難以推移坤向深沉離兌二門皆不應正南重疊巽

坤兩戶總無憑門若居中左右截然分氣戶開傍側

一邊獨領眞情全憑內路之曲折直長引伸入室并

審旁門之有無純雜漏氣奪胎總之多門不如一門

之精專遠路豈同近路之親切總門統一家之隆替

房戶係夫婦之安危惟求領氣爲樞機細認眞方分

順逆宅大則所招之勢必遠宅小則所受之氣亦微

改一門頓殊枯菀移一巷立判灾祥析屋添房看取

東房西舍整新換舊審知旺位衰方或此家吉而彼

家凶或昨日與而今日替吉人趨其景運薄祚遷其

衰時可不愼歟夫死者已枯之骨非歷久而不榮生

人食息之區隨呼吸而立應欲求朝瘵暮榮之術湏

識移宮換宿之奇其理甚微其機甚速烏可忽諸

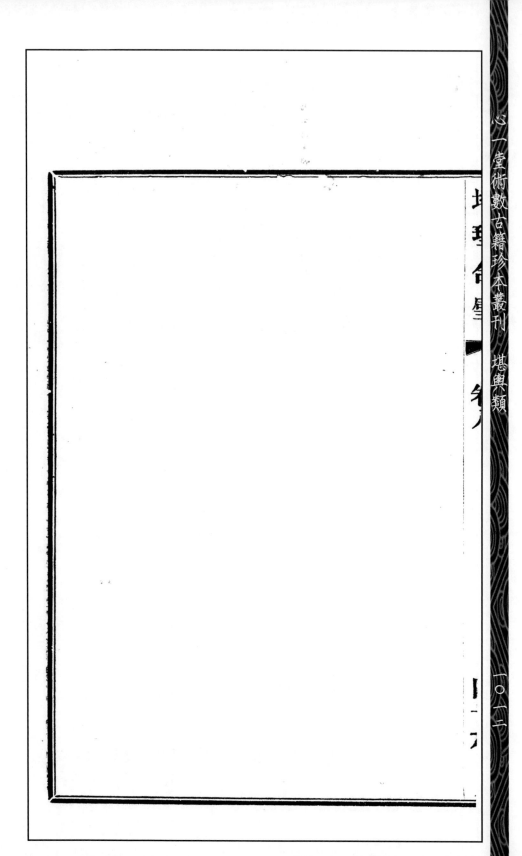

看宅命

看宅體

看坐向

挨輔弼星

陽宅指南

第一要訣看宅命動處乘空寔處靜空邊引氣寔邊
收命從來處天然定

第二要訣看宅體端方圓正斯為美前後脩長蓄氣
專若然區闊分途軌

第三要訣看坐向坎離震兌針尖上得乘正卦合天
心干支雜亂生魔障

第四要訣輔弼星他宮左右審虛盈輔若虛時地之
煞弼虛兩卦受炎驚一重輔弼一重福若是重重福

得一錄

添建房屋

辨門辨路

宅外四風不宜
宅內天井寬曠宜

開門引路法

不輕有人識得輔弼訣選宅安身事事寧

第五開門引路訣正卦裝門莫偏拽入門之卦宅元

神元神衰旺此中別一門正卦氣無陂前後門通兩

路接更有旁門破卦身縱然旺氣非清潔

既辨門時更辨路內路外路須兼顧路在生方致百

福煞方引路多災禍

宅中天井多寬曠宅外回風不可當時煞難明更凶

猛休言不見免災殃

添房動作察秋毫不在年神在卦爻吉凶偶然驚煞

宅式層二進二

橋梁衝市 ⊗

以上均是排宅之法

之法

？

位傷丁破產不相饒

層層進進說高低莫談福德與天醫只要高低勻且

稱偏陂昂陷不相宜

橋梁衝市最喧鬪若在生方反不嫌能知避煞迎生

法轉咎為祥反掌間

一空三閉是豪家三空一閉亂如麻若通閉裡求空

法立地珍珠滿鹿車

此是單言排宅法不是水神分氣訣若逢臨水又不

同宅氣還憑水氣接宅神寬大好吞波收拾水神無

漏泄

我為指出雙龍格一宅之中分順逆其中趨避有元

機八卦看來理如一

巽水迢迢六白龍乾後湖九紫氣還鍾前宅中元卿

相貴下元後宅慶財豐

此坎巽兩水相交乃一六共宗四九為友合生成大數　潘野鴻註

近南為前宅得巽水力靠北為後宅得坎池力

雙兌交流入震宮碧方眞氣宅居東百二十年朱

紫貴祖孫父子受皇封

坎離之水二龍交立宅中間甲第高輪轉三元無

替謝兒孫世世產英豪

離水送至坎坎水灣至離

二水交流是巽乾兩枝花蕊一時鮮運到滿門朱

宅居二水之中向坎。

紫貴衰時片瓦不留椽

二水離方入坎宮盡頭一宅夾其中雙龍氣脈來

相會此宅三元貴不窮

此取父母水雙夾其力量厚而純故主應如此

二水同流坎上來傍南作宅是離胎下元一發如

我為指出兼龍穴八卦正隅同一訣此中秘密有元

機千里毫厘當細別

離宮丙水字兼巳行到中元貴無比下元衰氣四

十秋官祿無聞宅半毀　終是出掛我不敢知

離宮丁水字兼未行到中元期富貴此宅三元永

不衰微微左右分宮位　一節出掛然當活看即所謂　外出掛出外經商之

局白丁發足至卯宅坐一灣靠北合生成震坤

二水相交故主應如此

雷疾兄弟雙雙近鼎台　此亦取父母水雙夾

四水歸朝會四龍居中作宅是仙宮不分元運時
時發瓜瓞綿綿奕葉重。一宅之內循環轉寄語
時師須檢點若然地是四隅形坎離震兌格更精
下元流水在西南屋近坤方艮氣酬上元旺相在
東北屋近艮水二黑足中元乾巽與中宮三位之
中瑞氣濃

此局要細參

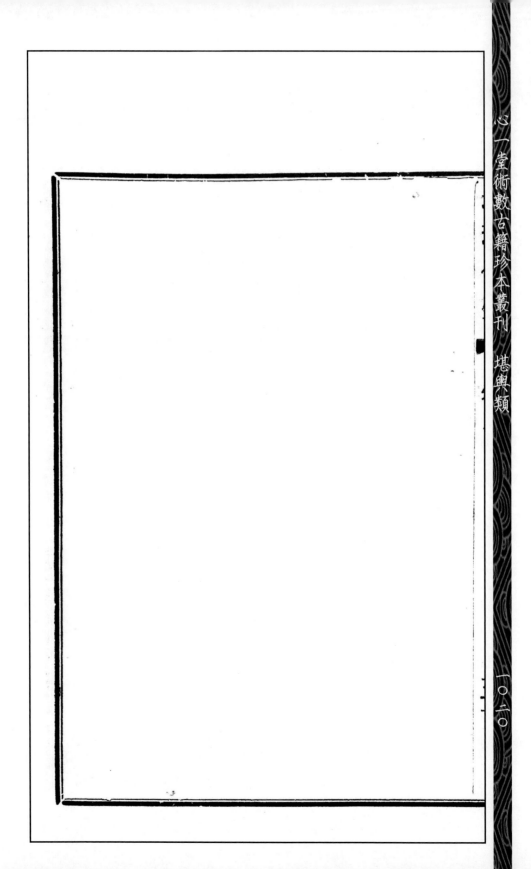

門路引氣

朝南之宅正門開此是離宮紫氣來宅深七赤下元
旺區淺中門未足胎

此宅或四五進或六七進受離氣長而門在中
則離氣直貫而真主下元大發若兩三進而有
七八間闊則宅形區淺是受震兌之氣雖開而離
門于中而內室在東邊間則兼坤氣在西邊間
則兼巽氣主下元不發
凡門總要開旺方如下元之六七八九門皆在
旺方若臨水則又要開衰門如下元之一二三
四方皆衰門也總之有水開旺無水開衰

潘野鴻註

離門中道路重重直引離風至寢宮此宅下元多旺
氣更無瑕玼損春容

一〇二

五十一

正門離上路偏東轉入深閨巽氣濃下元家道雖然

旺閨內須防災病重

離門兩路夾東西並引離風兩不倚只要宅深收氣

足下元此宅發無疑

凡開門總要合向合運如下元之六七八九向

即開正中之門若一白向則應開六乾門二黑

向應開七兌門三碧向應開八艮門四綠向應

開九紫門此合生成之數大吉之旺門也

屋向西南宅艮坤門開左畔是離神只要宅方真紫

氣若然深杳作坤論

如坐艮向坤開離門固是下元之旺門若宅形

深長則坤氣深離氣淺下元難發南首左路猶

地理合璧　卷八　得一錄

可如走西首右路全非

凡宅內之路宜走旺方如下元之六七八九皆

旺路也然亦看橫過豎頭此宅之左路是九巽

向之右路亦是九離氣雖偏而靠離走路尚帶

離氣故云猶可

屋向東南宅巽乾開門右畔紫風宣亦取宅方與七

運如逢深遠綠宮全

巽向開離門乃合四九生成之數下元大吉如

宅形修長終帶巽氣而離氣偏下元亦只平平

若走南首右路猶可如走東首左路全非

前門坤位後門坎兩氣俱從一路轉上中鼎盛不湏

言行到下元行一半 此宅形署長

正門離九便門三此宅元元失正垣只有外房親切

處一枝花發一枝寒此宅形亦長

前門離位後門艮兩氣俱從七赤進下元無數錦添

花行到上元君莫問

一宅修長正向南兩門前後對相穿只看內房何處

住三元衰旺有多般房居前帶興中上後帶爲房利

下元此是移宮變氣法逐元移住始安然

東北分明門在艮如何下元終不應只緣此宅東西

澗門變甲方常守困

四隅之宅艮坤長前後通門兩口張〇亦取内房分旺

替移宮換氣不尋常下元端的居坤位中上深閏在

艮艮〇

亦言深長之宅居前者在左則受兑氣在右則受離氣故下元吉居後者在右受震氣在左則受坎氣故利上元

七赤元中門在坤如何此宅少災迍只因間架東西

此宅闊短門雖坤寔變兑

闊兑氣綿長仇變恩〇

朝南之宅兑門清如何下元終不興只爲内房多在

後門兼坤氣不分明

此是兌兼庚若兼辛則受兌氣矣

一樣兌門宅正方如何此宅比彼強只爲面西房在

震兌來清切少參商

兌宅之門南北長漫說朝西七赤強必定內房偏左

右乾坤夾帶氣周章

靠南左居者變乾下元吉偏右居北者變坤上
元利

此宅朝南門正西下元於此露清奇只因宅相東西

閣內屋迢迢兌氣齊

分房變氣

共宅同門地勢偏〇一林花木各時鮮只緣門路宮宮
變細把青囊理數研中架居中離氣正下元方得喜
便便東左變坤一白發西房變巽發中元八宅依此
論衰旺此訣分房是的傳

　居于東、左則離變坤、居于西、右則離變巽。

宅相

陽基形勢貴裁量僕妾兒孫各有房一步一星隨地
變門窗衢路要推詳天光落處看風色此事精微莫

顯揚一宅之中災福異管生管死在微茫

陽宅圖　三元

萃外洋光照內脉收藏吉而悠久

大水一束則氣清小水一環則氣

漾�‍�照

山子

三元

離宮丁水曲向未三面兜收氣凝

聚此宅三元永不衰微微左右分

宮位

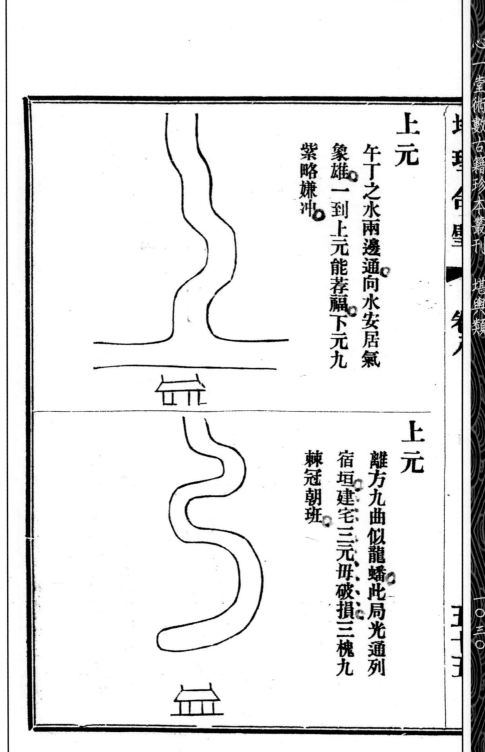

地理合璧　卷六

上元

午丁之水兩邊通向水安居氣

象雄一到上元能荐福下元九

紫略嫌沖

上元

離方九曲似龍蟠此局光通列

宿垣建宅三元毋破損三槐九

棘冠朝班

中元上

大水汪洋映在乾

支流曲曲又相牽

到得中元居此宅

珍珠滿斗錦衣鮮

中元下

巽宮曲曲見文星

宅若迎之六白清

此是中元得氣地

少年鼎甲掌絲綸

地理合璧 卷八 陽宅圖

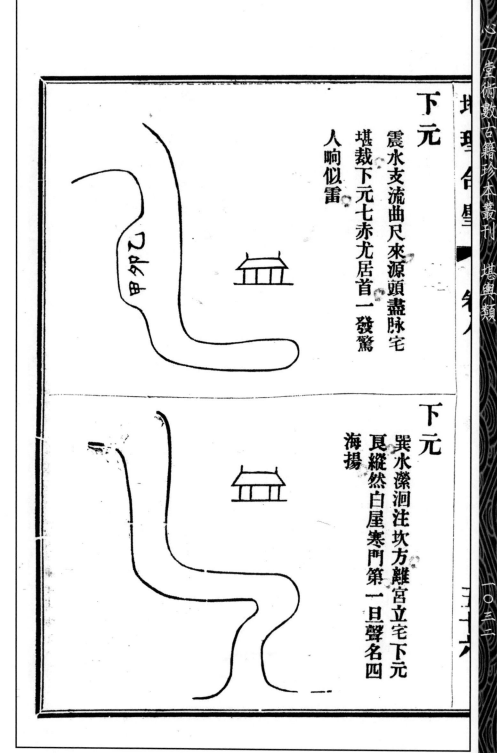

下元

震水支流曲尺來源頭盡脉宅
堪裁下元七赤尤居首一發驚
人响似雷

下元

巽水瀠洄注坎方離宮立宅下元
瓦縱然白屋寒門第一旦聲名四
海揚

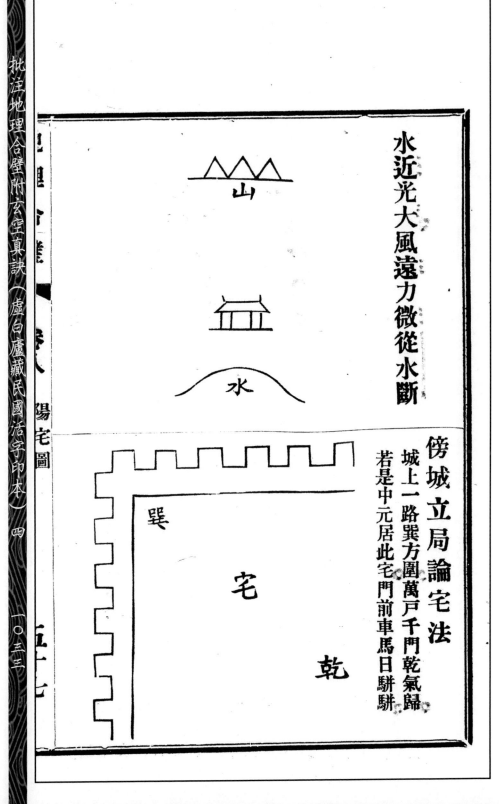

水近光大風遠力微從水斷

傍城立局論宅法
城上一路巽方圍萬戶千門乾氣歸
若是中元居此宅門前車馬日駢駢

山

水

巽

宅

乾

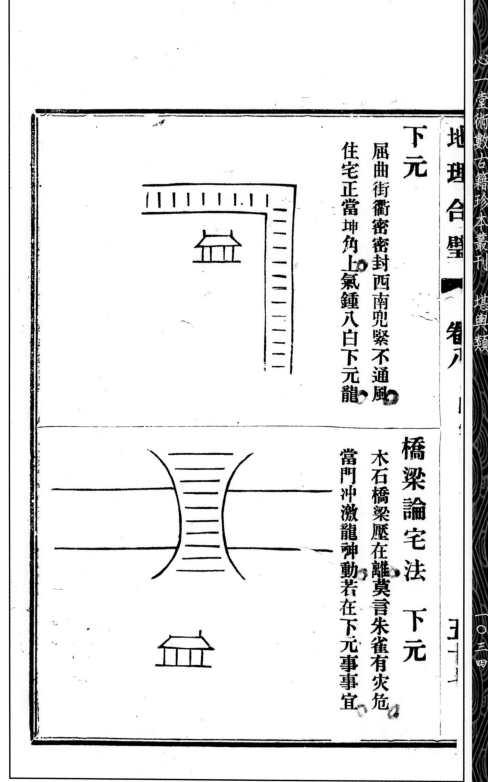

地理合璧　卷八

下元

屈曲街衢密密封西南兜緊不通風

住宅正當坤角上氣鍾八白下元龍

橋梁論宅法　下元

木石橋梁壓在離莫言朱雀有灾危

當門冲激龍神動若在下元事事宜

開坎門上元吉

宅形區闊
左右氣長
有凶
有吉

採震
轉兌
氣

坎門

五十八

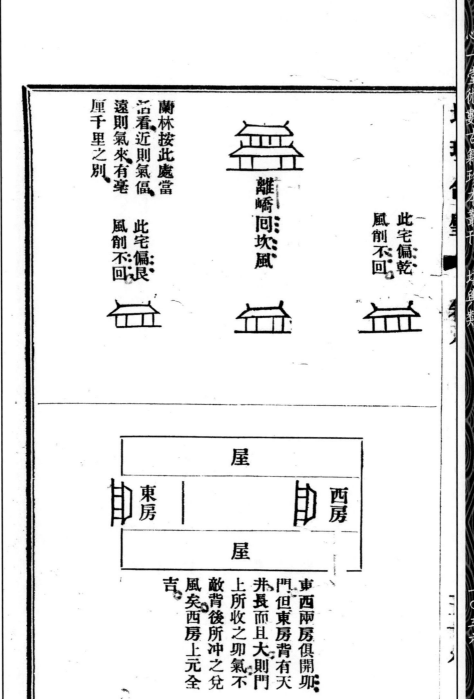

蘭林按此處當
活看近則氣偏
遠則氣來有毫
厘千里之別

離嶠同坎風

此宅偏艮
風削不回

此宅偏乾
風削不回

東西兩房俱開卯
門但東房背有天
井長而且大則門
上所收之卯氣不
敵背後所冲之兑
風矣西房上元全
吉

屋

東房　西房

屋

地理合璧 卷八 陽宅圖

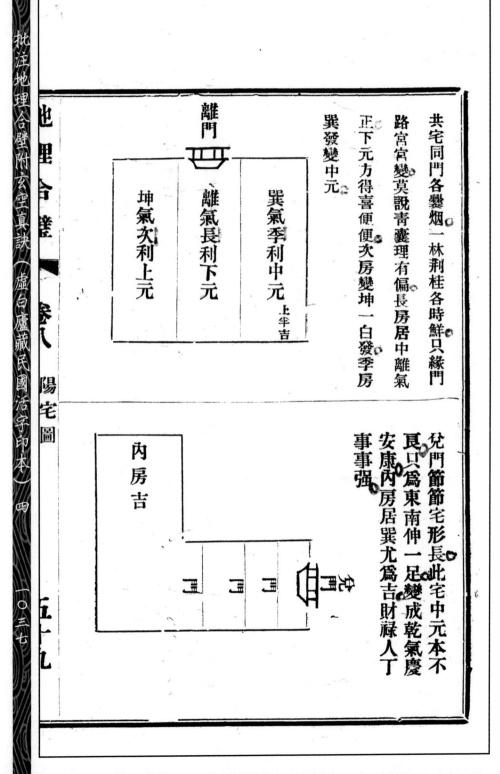

共宅同門各變烟一林荊桂各時鮮只緣門

路宮宮變莫說青囊理有偏長房居中離氣

正下元方得喜便次房變坤一白發季房

巽發變中元

離門

巽氣季利中元　上半吉

一、離氣長利下元

坤氣次利上元

兌門節節宅形長此宅中元本不

艮只為東南伸一足變成乾氣慶

安康內房居巽尤為吉財祿人丁

事事強

內房吉

兌門

以上數圖不過舉一以例其餘又移步換形正不

必拘泥迹象反成鈍置

地理作法本屬活變而陽宅尤甚蓋都邑市鎮其

大形大勢已成結氣之地其中方平一片氣厚則

地大氣薄則地小千門萬戶安所得家家近水而

倚之以立宅哉故全藉門風路氣等以上接天氣

下收地氣層層引進隨時分應以定吉凶然而並

非死板之法斷不可拘泥形迹即如同一門也開

離門為受地之離氣下元吉此就離方無水則然

地理合璧　卷八　陽宅註

若遇離方有水近水開離門則又收水之旺氣上
元吉矣同一牆也如朝南當面有牆太近而高偪
則受坎風若遠而舒坦則坎風漸變爲離氣矣此
迴風返氣之不同也同一路也曲折而來朝則爲
來氣若橫過者又爲界氣矣同一嶠也偪近而太
高者無論吉凶之方俱爲煞氣若自遠疊疊而整
齊者又爲來氣矣同一隅空也方整平坦者爲來
氣若牆尖屋角歪斜漏風無論吉凶之方俱受凹
風煞氣矣總之千變萬化無一定之成迹惟在心

地理合璧卷八終

目靈巧有以迎受趨避之而已蘭林

近來所印書籍舛錯極多故有勘誤附後余有

鹽於此因懇親友反覆詳校似此或有失檢亮

亦不多毋庸勘誤矣閱者諒之

每部實價大洋六元

周同纘 子緒
王銓濟 巨川 校字
沈爾晟 景陽

心一堂術數古籍珍本叢刊 第二輯書目

一